渋沢栄一 人生をひらく

偉人に学ぶ教養

前田信弘
Maeda Nobuhiro

日本能率協会マネジメントセンター

「与えられた仕事にその時の全生命をかけて
まじめにやりえぬ者は、
いわゆる功名利達の運を開くことはできない」

『論語と算盤』(立志と学問)

はじめに

日本近代資本主義の父、渋沢栄一。

かれは、生涯に約五〇〇もの企業にかかわったといわれ、日本の近代経済社会の基礎を築いた。また、実業界のみならず、約六〇〇の教育機関・社会公共事業の支援に尽力し、国際親善など民間外交の面においても指導的役割を果たした。

「できるだけ多くの人に、
できるだけ多くの幸福を与えるように行動するのが、
吾人の義務である」

『渋沢栄一訓言集』（一言集）

まさにかれは、義務を果たし、多くの人に幸福をあたえた。

渋沢栄一から学ぶことは数多く、その意義は大きい。

かれの生きかたや思想、その言葉は、現代のわれわれの人生の羅針盤となり、行動の指針や仕事のヒントなどになるからだ。
また、われわれが多くの人に幸福をあたえるためにも、かれの生きかたや行動を学ぶべきであろう。

本書は、エピソードとともに、渋沢栄一の生涯、とくに若き日の軌跡をつづり、そこから学ぶべきことについての考察を試みた。
また、渋沢栄一は数多くの言葉を残していて、そのいくつかを紹介した。そこから、かれの思想や信条などを読み取ることができ、さらには、それらの言葉がわれわれにとっての戒めやはげみ、はげましとなるであろう。

本書をとおして渋沢栄一の生きかたや思想を知り、かれの言葉にふれることによって、それが今後の人生の糧となれば幸いである。
そして、本書がこれからの人生・仕事の一助となれば望外のよろこびである。

前田信弘

※エピソード部分については、読みやすさやイメージしやすさなどを考慮し、『雨夜譚　渋沢栄一自伝』（岩波文庫）などの参考文献をもとに、時代小説風にアレンジを試みた。

※渋沢栄一の幼名は市三郎で、のちに栄一郎、篤太夫《とくだゆう》などと名乗るが、本書では栄一とする。

※年齢については、当時つかわれていた数え年（満年齢より一歳多い）による。

※明治五年十二月二日までは旧暦で、翌日からは新暦で明治六年一月一日となる。

※言葉は、『論語と算盤』渋沢栄一著（国書刊行会）、『渋沢栄一訓言集』渋沢青淵記念財団竜門社編（国書刊行会）からの引用である。

目次

序章　士魂商才の精神
士魂商才の精神……19

第一章　初志
Episode 1　屈辱的な事件　25
渋沢栄一の生涯
―幼少年期―
渋沢栄一の誕生……30
栄一の教育……33
Episode 2　贅沢を戒められる　35
栄一、家業を手伝う……37

Episode 3 意地っ張りが幸いする 39
家業に精を出す栄一 42
Episode 4 藍の番付をつくる 43
幕末、混迷の時代 44
渋沢栄一に学ぶ 47
意地っ張りが成功を導く／倹約・節度を尊ぶ／競争がはげみを生む

第二章 転換

Episode 5 江戸行きを懇願する 53
渋沢栄一の生涯
―農民から一橋家家臣へ―
栄一、江戸へ行く 55
Episode 6 栄一、結婚する 57

討幕を計画する……59
Episode 7 勘当を願い出る 62
討幕計画の中止……65
栄一、京都へ放浪……68
Episode 8 平岡と出会う 70
思いもよらぬ手紙……74
Episode 9 平岡が仕官をすすめる 77
Episode 10 慶喜に拝謁する 81
栄一、家臣となる……85
渋沢栄一に学ぶ……88
ネットワークの構築／冷静な判断／金銭を尊ぶ姿勢

第三章 精励

Episode 11 密偵として活動する 95

渋沢栄一の生涯
―一橋家家臣から幕臣へ―

栄一の初仕事……97
Episode 12 はじめて西郷と会う 100
兵士のスカウトを担当……103
平岡の突然の死……105
天狗党の乱と諸藩士との交際……108
Episode 13 阪谷朗廬と論争する 111
備中での歩兵募集……114
Episode 14 代官のサボタージュ 117
殖産興業の三つの計画……119
藩札による金融システム……122
行政組織の改革を実行……125
栄一、幕臣となる……127
Episode 15 新選組との捕り物 131

渋沢栄一に学ぶ……135
謹厳実直と実効性／客観的な立場に立つ／強い信念と改革心／信用を運用する

第四章　見聞

Episode 16 フランス行きを命じられる　143
渋沢栄一の生涯
—フランスへの派遣—
栄一、フランスへ行くことに……146
横浜を出航、上海に寄港……148
Episode 17 修験者をやり込める　151
香港からフランスへ……153
パリでの栄一……156
パリ万国博覧会の様子……158

政争がパリで再現……161
栄一のヨーロッパでの師……165
Episode 18 値下げの交渉をしない武士 168
Episode 19 卓越した調停力を見せる栄一 170
ヨーロッパ歴訪……173
Episode 20 自国製品を売り込む国王 175
徳川幕府の瓦解……177
帰国の途につく一行……179
渋沢栄一に学ぶ……182
すぐれた経済感覚／実地体験で学ぶ／抜群の交渉力／強い知識欲と深い観察力

第五章　実践

Episode 21 父との再会を果たす 189

渋沢栄一の生涯
―大蔵省の官僚へ―

帰国した栄一……191
Episode 22 慶喜の態度に感服する 194
栄一、静岡に行く……195
Episode 23 勘定組頭を命じられる 197
商法会所を設立する……200
Episode 24 大隈重信に説得される 204
栄一、官僚となる……207
栄一、改正掛の掛長となる……209
Episode 25 栄一の猛烈な働きぶり 212
廃藩置県で活躍を見せる栄一……213
Episode 26 西郷の謎のこたえ 216
栄一、大久保とやり合う……218
Episode 27 突然、西郷が栄一をたずねる 221

栄一、大蔵省を去る……225

渋沢栄一に学ぶ……228
時代を見る目、先を読む力／適材を適所に配置する／バイタリティあふれる働きぶり

第六章　信念

Episode 28 複式簿記をめぐる口論 235
Episode 29 栄一、三井入りを断る 237

渋沢栄一の生涯
――実業界へ――

栄一、第一国立銀行に入る……239
Episode 30 武士の魂をもった商人 242
第一国立銀行を襲う危機……244

もう一つの危機……247
Episode 31 条例改正の陳情……249
Episode 32 商工業に対する強い思い……250
東京商法会議所の設立……252
Episode 33 アメリカ人技師を詰問する……254
抄紙会社の経営……256
東京海上保険会社の設立……258
Episode 34 岩崎弥太郎との論争……260
郵便蒸気船会社と三菱……263
岩崎三菱との死闘（前半戦）……265
Episode 35 熾烈な値下げ競争……267
岩崎三菱との死闘（後半戦）……269
紡績事業を立ち上げる……271
Episode 36 「官」の払い下げに反対する……274
電灯とガス灯とのかかわり……275
約五〇〇もの企業にかかわる……278

渋沢栄一に学ぶ……… 280
公利公益を追求する／道徳経済合一の思想／官尊民卑の打破と武士の魂／
合本法と信用

補章　仁愛

Episode 37 命を惜しまず万人のために 290
仁愛の精神 291

渋沢栄一　略年譜 298

主な参考文献 302

序章 士魂商才の精神

「昔、菅原道真は和魂漢才ということを言った、
これはおもしろいことと思う、
これに対して私は常に
士魂商才ということを唱道するのである」

『論語と算盤』（処世と信条）

「論語というものと、算盤《そろばん》というものがある、
これははなはだ不釣合で、大変に懸隔したものであるけれども、
私は不断にこの算盤は論語によってできている、
論語はまた算盤によって本当の富が活動されるものである、
ゆえに論語と算盤は、甚だ遠くして甚だ近いものであると
始終論じておるのである」

『論語と算盤』（処世と信条）

士魂商才の精神

「士魂商才」――武士の精神と商人の才とを兼ね備えることである。
この精神を貫いた渋沢栄一。
かれは『論語と算盤』のなかでこう説いている。

「人間の世の中に立つには
武士的精神の必要であることは無論であるが、
しかし武士的精神のみに偏して
商才というものがなければ、
経済の上からも自滅を招くようになる、
ゆえに士魂にして商才がなければならぬ」

『論語と算盤』(処世と信条)

「義」を重んじる武士としてのありかた＝武士的精神は、当然備えていなければならない。

だが、武士的精神だけにかたよってはならない。「商」を行うためのやりかた＝商才も身につけていなければならない。

つまり、「義」と「商」の両方を兼ね備えよという言葉である。

義を重んじる武士の魂と、才知あふれる商売とを目指す思想で、渋沢栄一はこれを提唱し、かつまっとうした。


また、かれは義利合一論をとなえている。

「義利合一に対する疑念は今日直ちに根本から一掃せねばならぬ」

『論語と算盤』（仁義と富貴）

「義利合一」、「義」と「利」とは両立するということである。「義」と「利」とは対立するものととらえられることがあったが、かれはそれを否定した。

そして、「義」と「利」とは、別の言葉でいえば「道徳」と「経済」とに置き換えられるが、かれはさらに「義」を「論語」、「利」を「算盤」に代表させた。

　かれはこう論じる。

　論語と算盤は、不釣り合いで、たいへんかけ離れたものだが、算盤は論語によってできている、論語もまた算盤によって本当の富が活動される。だから論語と算盤は、はなはだ遠くて、はなはだ近いものである。

　当時の日本は、近代化を果たし、その結果、経済活動一辺倒に傾きかけていた。そんな経済界にかれは儒学をベースにした道徳・倫理の導入を果たした。

　栄一は幼少期から儒学を学び、のちに尊王攘夷運動に参加、一橋慶喜の家臣となりフランスに留学。帰国後大蔵省に仕官し、重職に就いたが辞任。民間の実業家に転じると第一国立銀行をはじめ約五〇〇ともいわれる近代企業・事業の設立運営に参与し、日本の経済界の近代化に尽力した。

　財界のフロンティアと呼ばれる渋沢栄一。かれは日本近代資本主義の扉をひらいた。そして、農民から幕臣、官僚、実業家へと自らの人生をきりひらいた。

そんなかれが幼少期に学んだ儒学が、その後の思想を形成していくことになるのだが、まずは幼少年期の栄一について見ていくことにする。

「**少年時代の頭脳に記憶したる事は**
老後に至っても消失せず、
明確に存在しておるものである。
ゆえに習慣は少年時代がもっとも大切である」

『**渋沢栄一訓言集**』（**立志と修養**）

渋沢栄一
（国立国会図書館ウェブサイトより）

第一章　初志

「日々に新《あらた》にしてまた日に新なりは面白い、
すべて形式に流れると精神が乏《とぼ》しくなる、
なんでも日に新の心懸が肝要である」

『論語と算盤』（理想と迷信）

「立志は人の一身を建築するところの骨子であるから、しかとそれらの組合わせを考えて志を立てぬと、せっかくの建築が、半途で毀《こわ》れるおそれがある」

『渋沢栄一訓言集』（立志と修養）

志を立てるというのは、人の将来を建築する骨組みだから、しっかりと骨組みの組み合わせを考えて志を立てなければ、途中で倒壊するおそれがある。

渋沢栄一は、武士となって世に立ちたい。立派な人物となって、この国をよくしたい、役に立ちたいという思いを強く抱く。

Episode 1
屈辱的な事件

「はなはだおそれ入りますが、おうけすることはできません」

渋沢栄一は決して屈しなかった。

栄一、十七歳のときのことである。忘れることのできない屈辱的な事件であった。

かれが住む血洗島村《ちあらいじま》の領主は、岡部藩の藩主・安部信宝《あんべのぶたか》、二万石の小大名で、村から四キロほど離れた岡部村に陣屋があった。

江戸時代の後期には幕府も大名も財政がますます困窮し、御用金として町人や農民から金を徴収しては反感を招いていた。

岡部藩もこの例にもれず、藩の財政は困窮していた。

小大名ということもあり、何万両という大金を徴収することはなかったが、「先祖の法要」、「若殿様の元服」、「姫様の嫁入り」などのさいには、これらの費用を御用金として領内の豪農から徴収した。

栄一の家は村では豪農に数えられており、しばしば用金を納めていた。その額はすでに二千両にも達していた。もちろんこれらが領主から返されることはなかった。

栄一が十七歳のとき、またもやかれの村に千五百両の用金の命令がくだった。この場合、栄一の父・市郎右衛門は五百両を差し出すのが慣例である。

そのとき父の市郎右衛門は所用があって、自ら陣屋に出頭することができなかった。そこで、栄一が代理として、同様に御用金を申しつけられた近くの名主二人と一緒に出向くことになった。

そこで、代官はこう申しつけた。

「お姫様の御輿入《おこしい》れにかかる御用金だ。ありがたくおうけしろ」

「承知いたしました」

他の名主たちはいずれも一家の当主であり、いつものようにすぐに承諾する。

しかし、栄一は違った。

「そのほうは不服か」

「私は父から御用のむきを聞いてこいといわれただけです。ここでおうけするわけにはいきません。御用金の額はかしこまりましたので、父に話したうえであらためておうけにまいります」

それを聞いた代官は、権力をかさに着て、人を見下した態度でこういう。

「何をたわけたことを申すか。そのほうは、お上《かみ》の御用を何と心得ているのだ。おうけできませんだと。お上にさからうつもりか。このままでは捨ておかんぞ」

そして、代官は小馬鹿にした風でこういう。

「ところで……そのほうはいくつになるか」

「はい、十七でございます」

「そうか十七か。十七歳にもなるなら、もう女遊びもする年ごろだ。一人前の大人ではないか。そのほうの家では三百両や五百両は何でもないもののはずだ。家に帰って父に相談するとは、そんな訳のわからんことはない。そのほうは、自分が何をいっているのかわかっているのか。この場ですぐに承知したとあいさつをしろ」

代官は高飛車におさえつけようとするが、栄一はあくまで屈しない。

「はなはだおそれ入りますが、いかにいわれましても、すぐにおうけすることはできません」

一緒にいた名主二人はおうけするよう承諾を促すが、栄一は納得しない。

「黙れ、黙れ！　お上にさからうとは……まったく頑固なやつだ」

「ぜひとも、そのようにお願いします」

栄一は代官にどんなに馬鹿にされ、怒鳴られても、それに耐え、決してこたえをかえることはなかった。とうとうがんばりとおして、陣屋をあとにする。

陣屋を出た栄一の心は怒りに満ちていた。いかに身分が違うとはいえ、代官の言葉や態度に口惜しく、腹立たしく、思わず拳をかたく握りしめた。

家に帰る途中にこう考えた。

領主は年貢を徴収しながらも、御用金と称してさらに金を取り立てる。岡部藩は何の努力もせずに、逆に用立てている農民を馬鹿にするような態度に出る。こんな道理があってよいものか。

また、あの代官は決して教養のある人物だとは思われない。

あんな人物がお上の役人をしているのは、幕府の政治が腐っているからではないか。

農民は何の知識も分別もない役人に侮辱され、奴隷のような扱いをうける。何と理不尽なことではないか。

栄一は家に帰り、父にこの経緯を報告した。
「お前のいい分はもっともだが、領主からのいいつけに理屈では勝てん。理屈をとおそうとすると、かえって意地悪くされるだけだ。おうけするしかあるまい」

結局、翌日金を持参して、ことはすんだ。だが、おさまらないのは栄一の胸のうちであった。

かれの生涯の転機となったといってよい一大事件であったが、この件は、栄一にとって幕府政治に対する不満の火種となった。

また、百姓をやめて武士となって世に立ちたい。立派な人物になる、そしてこの国をよくしたい、役に立ちたいという思いを強く抱くのであった。

渋沢栄一の生涯
―幼少年期―

渋沢栄一の誕生

　渋沢栄一は、天保十一年（一八四〇）二月十三日、武蔵国榛沢郡血洗島村《はんざわぐんちあらいじまむら》（現在の埼玉県深谷市）で生まれた。父は市郎右衛門《いちろえもん》、母はえいである。

　天保時代は、長くつづいてきた封建社会が行きづまり、その崩壊の兆候が人々の目に歴然と映し出された時代であった。江戸幕府は、すでに五代将軍綱吉の時代に財政破綻が露見し、以後も財政は悪化しつづける。天保時代には、回復の余地がないような情勢になっていた。

　また、天保時代には大飢饉があり、民衆は苦痛にあえぎ、不満が爆発して、たびたび百姓一揆などが起きた。こうしたなか天保十二年（一八四一）より、老中水野忠邦の緊縮主義による改革が強行されたのである。だが、時勢はあまりにも行きづまりすぎていた。

その後、嘉永六年（一八五三）の「黒船来航」以後は、内外がさらに混乱し、幕府財政はますます悪化し、幕府は崩壊へと突き進むことになるのである。

栄一が生まれた血洗島村には、渋沢姓を名乗る家が十数軒あった。このため、家の位置などで各家を呼び分けていた。栄一の生家は、渋沢一族の宗家で中央にあったので、「中の家《なかんち》」と呼ばれた。当主は代々市郎右衛門と称した。

栄一の父の市郎右衛門は、同じ村の一番の豪農で名主をつとめる、分家の渋沢宗助の三男で、宗家に男子がいなかったため婿養子に入った人であった。当時、分家のほうは村一番の豪農であったが、宗家の家運は傾いていたので、宗家の再建を託され迎えられたのである。

父は農民の身分でありながら、一度は武士を志した人であった。武士になりたかったが、それを果たせず、自分の立場を理解し、家業にはげんだ。性格はまじめで几帳面。また非常に勤勉であった。

家業では、実入りの多い武州藍の商売に力を入れていた。藍は、染料として色鮮やかなことはもちろん、自然の殺菌力をもっていたため人気が高かった。農家から藍を買い入れ、葉を寝かせて、発酵・熟成させて、丸くかためると藍玉ができる。これを紺屋《こうや》（藍染業者）に売るという商売である。いわば半工半商というようなものであった。

市郎右衛門は家業に勤勉でとくに藍の葉の鑑定にすぐれていたといい、近郷では比肩する者がないほどと見られていた。最良の藍の葉を大量に仕入れ、最高の藍玉をつくって大きなもうけを得た。

その商売は、単純に安く仕入れて、高く売ろうとするものではなく、つくり出す製品の改良に精を出し、製品の品質によって信頼を得ようとするものであった。つまり、父は、短期的な利益を追うのではなく、信頼にもとづく長期的な利益を優先するという発想のできる人であった。

こうして、宗家を再建し、宗助家に次いで裕福な農家となっていた。

その反面、人情味豊かで、よく他人の世話をした。しかも武士になろうという志をもっていたほどの人なので、武芸も学び、学問も四書・五経は十分に読めた。また、かたわら詩もつくり、俳諧もたしなむという風流なところもあり、晩香と号した。だから、村人からは尊敬され、名主見習いとなり、苗字帯刀を許されたほどである。

この市郎右衛門の妻がえいで、栄一の母。慈愛に富み、たしなみ深い女性であった。えいは、人に物をほどこすのが好きで、残り物をとっておいては、困っている人にあたえるのがつねであった。そのため夫からは小言をうけたこともあったという。

　こうした父と母の子として栄一は生まれた。幼名は市三郎、六歳のときに母の名をとって栄治郎と名づけられた。弟は夭折《ようせつ》したので、かれが唯一の男児であり、両親の寵愛はかれに注がれた。よき両親に恵まれ、かつ健康であり、さらには賢かった。かれの生涯の出発点ははなはだ恵まれていたのである。

栄一の教育

　父は相当に学問があり、時勢に対しての見識を備えていたので、当時は百姓や町人に学問は必要ないとされていたにもかかわらず、今日の世に立つには相当の学問がなければならないと考えた。

　そこで、栄一が六歳になると、父から学問の手ほどきをうけることになる。『三字経』（児童用の識字教科書）の素読から教えられ、『大学』から『中庸』を読み、『論語』まで習うようになった。父の教育法は厳格であったが、栄一は熱心に学んだので、父も張り合いがあったし、子の進歩も早かった。

　栄一の秀でた学才によろこんだ父は、栄一が七、八歳ころになると、七、八町離れた手計《てばか》村の尾高惇忠《おだかあつただ》のもとへ通わせた。尾高は通称を新五郎といい、藍香《らんこう》を号とした。

栄一より十歳年上で従兄《いとこ》にあたる。

尾高は若くして塾をひらき、近隣の若者たちに『論語』や『孟子』などの「四書五経」を教えていたが、十七歳ころには、ひとかどの学者として尊敬され、近村でも名が知られるほどになっていた。尾高に弟子入りしてからというもの、栄一にとってこの従兄の影響が日増しに強くなっていく。

尾高の教育法は一種独特であった。一字一句を暗記させるよりも、たくさんの書物を通読させるというものであり、意味がよくわからなくても何度も読み込んでいけば、自ずと理解できるというものであった。

また、読書は読みやすいものから入るのが一番よいとし、いまのうちはおもしろいと思うものから読めばよいとした。ただし、漠然と読んでいるだけでは何もならないので、心をかけて読むようにするとよい。そうすれば知らず知らずのうちに読書力がついていくとした。

この読書法が気に入った栄一は、『日本外史《がいし》』や『通俗三国志』『里見八犬伝』など、おもしろそうな本を次から次へと読んだ。さらには、読書法はかならずしも机のうえでかしこまって読むだけでなく、耕作のあい間でも、寝ながらでも、また歩きながらでもかまわない。自分の気の向いたときに読むのもよいとした。

これを実践していた栄一が十二歳となった正月のこと。年始のあいさつまわりのときに、かれは歩きながら本を読んでいた。案の定、本に気をとられ、ズルズルと溝に落ちて正月の晴着を泥だらけにしてしまい、母にひどく叱られたという。とにかく読書好きな子どもであった。

剣法も十二歳のときから神道無念流を学んだが、剣の道にも熱心で上達も早かったようである。

このように学業に熱心な栄一であったが、完全ではなかった。父の怒りを招く次のような失敗もあったのである。

Episode 2

贅沢を戒められる

栄一、十五歳のときのことである。

叔父とともに江戸に行くことになったかれは、江戸で本箱と硯《すずり》箱を新調することが許された。そのころ家にあった本箱や硯箱はあまりに粗末な品。

学問好きな栄一としてはもっと立派なものが欲しいと思うのも当然のことである。

江戸へ出て、桐の本箱と硯箱を買って帰った。もとのものは杉の古びた品。くらべてみると、新しい桐の品はとても華美に見えた。

父はこれを見て厳しく戒《いまし》めた。

「質素倹約はもっとも大切な心得であることは、かねがね言い聞かせてある」

「……」

「それなのに、このような贅沢を好むようでは、この家を平穏無事に保っていくことはできない。親不孝な子をもったものだ」

父は三日も、四日もこのように戒めたのである。

はじめは、こうも厳しく戒める父の心を理解しかねていた栄一であった。

だが、次第に父の真意を推察することができた。

いま自分がこんな立派な本箱や硯箱を買うくらいだから、そのうち居間も書斎も気に入らなくなって、すべてにおいて助長していくかもしれない。

そして、ついには百姓の家をかたく保つことのできない事態におちいることにもなるだろう。
小さな**贅沢**がやがて**大**きな**贅沢**へとなる。そういう**意味**から、**父**は**強**く**叱責**されたと**考**え、**自分**の**心得違**いを**深**く**反省**したのであった。

栄一、家業を手伝う

栄一の向学心はますます高まっていく。かれの学問は父がすすめたものであったが、あまりの熱心さに父は不安になった。父は家業に勤勉であり、長年の努力が報われ家業も繁盛し、財産も築くことができた。

若いころからの好学から、その子に普通以上の教育をうけさせた。だが、家の跡継ぎの栄一を学問で身を立たせる気にはなれない。このままでは、家業を嫌うようになってしまうかもしれない。時勢にかぶれて武士になりたいといい出すかもしれない。

父はこう考えた。剣法は農閑期を見て、春秋、寒中など都合のよいときに稽古するから、さして家業のさまたげにはならない。だが、読書のほうはいまの様子では、年中無休でかつ朝夕やらなければならないから、家業には大いにさまたげになる。

そこで父は丁寧に諭した。

「お前も、もう十四になったから、家業のほうにも心を入れてもらわなければならん。お前は読書にたいへん熱心で、それは結構なことだが、儒者になってもらうわけにはいかぬ。まだ、学問は十分にできてはいないだろうが、おいおい心にとめておけば、学びつづけることはできる。だから、もういままでのような昼夜読書三昧では困る。農業にも商売にも心を入れなければ、一家の役には立たん」

栄一は、父のいうことにそむくわけにもいかず、それからは日々田畑へ出て百姓仕事もするようになった。種をまき、草取りをし、藍葉を育て、また商売にも精を出した。

先にふれたが、商売というのは、家でつくった藍はもちろん、他の農家から藍を買い入れ、それを藍玉に製造して、上州、秩父あたりから信州などの紺屋へ送り、販売するというものであった。

家業を手伝いはじめたばかりのかれは、早くもこの道において手腕を発揮する。そのときのエピソードに次のようなものがある。

Episode 3
意地っ張りが幸いする

「おじいさん、今日は私ひとりで横瀬村のほうへ行きたいと思います。ぜひ、ひとりでやらせてください」

ひとりで藍の買いつけに行きたくなった栄一は、たまらず祖父にこういった。

栄一が家業を手伝いはじめた年は関東地方一帯は干ばつで、一番藍は不作であった。しかし、二番藍は上作だったので、父はなるべく多くを買い入れたいと考えた。

ところが、ちょうど信州や上州方面の紺屋をまわる時期と重なってしまったので、買いつけに行くことができなかった。

そこで、この仕事を隠居している先代の市郎右衛門、つまり栄一の祖父にたのむことにした。そして、栄一にはこういった。

「いい機会だから、栄一は買いつけに同行するように」

祖父と栄一が藍葉を買いつけることになったわけだが、栄一にとってはおもしろくなかった。かれはひとりでやってみたくてたまらなかったのである。独立心が人一倍旺盛な栄一にとって無理もないことであった。

とはいっても、最初の日には祖父のお供をして矢島という村に行って、一、二軒で買いつけをした。だが祖父のお供ではどうにもおもしろくない。翌日には、たまりかねてひとりで行かせてほしいといい出すことになる。

「お前ひとりで行ってもしかたあるまい」

祖父はこういう。

「たしかにそのとおりですが、とにかく一とおりまわってみたいんです」

栄一がこうこたえると、祖父は買いつけのための金を渡してくれた。

その金を胴巻きに入れて腰に巻きつけた栄一は、早速家を飛び出した。横瀬村から新野村のほうへ、「藍を買いにきた」といって歩きまわった。

ところが、自分では一人前だと思っても、まだ十四歳の子ども。村人は馬鹿にして相手にしない。

これにには、さすがにかれも困ったことに。だが、意地っ張りの栄一はくじけない。すぐに対応策を考えた。

かれはこれまで何度も父のお供をして藍の買い入れかたを見ていたので、

鑑定の真似ぐらいはできる。

そこで、相手にされないのをかまわず、積んである藍の葉を手に取って、こうほめた。

「これはよくできている」

それから別の藍の葉にふれてみる。

「これは肥料がたりん」

「これは肥料に〆粕《しめかす》をつかわなかったろう」

「この葉はまだ乾燥が十分じゃないな」

「これは下葉《したば》があがってるな」

などとつぶやいた。それぞれ適切な鑑定をくだしたのである。

村の人々は妙な子どもが来たと珍しがった。

「お前さん藍葉のよしあしがわかるのかね」

「わかるとも、わしは中の家のせがれじゃもん」

「なるほど、市郎右衛門のところの……さすがに目が利くもんだ」

しまいには、ほめられて新野村だけで二十軒あまりの藍をことごとく買い入れることができた。

これに味をしめた栄一。翌日には、横瀬村や宮戸村をまわった。そして翌々日には、大塚島村や内ケ島村などをまわって藍を買いつけた。

その後、祖父が一緒に行こうといっても、それを断り、その年の二番藍はほとんど栄一ひとりの手で買いあつめた。

十四歳にして一人前の藍商人としての手腕を発揮した栄一。ほどなくして旅先から帰った父は、息子の思いがけない手柄におどろき、かつほめたのであった。

家業に精を出す栄一

その後、十六、七歳のころからは、父の意向にしたがって家業に精を出した。父も藍の商売については、安心して栄一にまかせるようになった。

父に代わって年に四度ずつ信州や上州などの農家に藍の葉を買いつけに出かけるようになった。こうして自分で商売をしてみると、家業への興味も高まり、欲も出てきた。もともと聡明であった栄一は、商売上の駆け引きを会得しただけでなく、自ら新しい商売上の戦略を考え出した。

さらに質のよい藍玉をつくってみたいと思う栄一であったが、いくら藍の鑑定に腕をみがいたとしても、それだけで藍玉の質がよくなるわけではなかった。藍そのものの品質を高めなければならない。

藍栽培の農家に、よい品質の藍をつくったら高く買い取るといえば、品質も向上するかもしれない。だが、それではもうけはかわらないことになる。

買取価格をすえおいたままで、品質を向上させる方法を考えなければならない。

そこで、次のようなエピソードがある。

Episode 4　藍の番付をつくる

栄一は、近村の人々から買い入れた藍の良否によって相撲の番付のようなものをつくった。これらの人々を家に招待して、一番よい藍を育てた人から順に上座にすえてご馳走した。

「来年はおらが上座にすわるべえ」

「なあに、やっぱりこのおらだ」

と、そんなことをいいながら、かれらは楽しく酒をくみかわした。

当時は席順にこだわったので、上席に座るのはとても名誉なことであった。

栄一のこの戦略は大いに人々の競争心を喚起し、来年はもっとよい藍をつくって上席に座ろうという雰囲気が起こり、藍の成績もよくなったという。


藍の商売の修業は後年の渋沢栄一をつくるうえでの貴重な経験であった。

だが、上州・武州・信州の藍市場は、栄一にとってはせますぎる活動舞台であった。

かれは何となく商売に打ち込み、それに満足しきる気にはなれなかった。

だからこそ、忙しい商売のあい間に、読書をつづけていたのである。

幕末、混迷の時代

栄一が十七歳のときの御用金事件は、安政三年（一八五六）のことである。ペリーの来航から三年目である。

ペリーの来航は、幕末政局に多大な影響をあたえた。これより後、幕府当局は外国勢力に押されて開港へと進むしかなかった。

外交問題を契機として朝廷・幕府関係は緊張をくわえ、その関係をめぐって、諸藩および志士、浪人たちの運動は展開された。

さらに将軍継嗣《けいし》問題と公武合体問題もこれにくわわり、情勢は混迷をきわめた。その間に攘夷《じょうい》論（外国を排撃し鎖国を主張する排外思想）と尊王論（皇室を神聖なものとして尊敬することを主張した思想）とが結びついて、倒幕運動の指導精神となっていく。

尊王倒幕の運動は、大老の井伊直弼《いいなおすけ》の大弾圧（安政の大獄）があったにもかかわらず、いよいよ熾烈さをくわえ、大衆化していく。幕府は、その権威を失墜させながら、終焉へと向かっていくのであった。

日米修好通商条約で外国貿易がはじまると、江戸庶民の生活は悪化の一途をたどっていく。安政六年（一八五九）六月に開港した横浜港には、外国から毛織物や武器などがもち込まれた。輸出品は生糸や茶などの生活必需品が中心であった。とくに高値で取引された生糸は、貿易商人が産地で買い占めて直接横浜港に運んだ。城下では生活物資が不足して極端な品不足となる。価格は高騰し、庶民の生活は一気に苦しくなったのである。

このような動乱の世において、栄一もまたその刺激をうけていった。家業に精を出すかたわら、時事についてますます注意を払うようになっていくのである。

渋沢栄一に学ぶ

―意地っ張りが成功を導く―

藍の商売において、次から次へと**創意を働かせ**、新しい戦略を試み、年少にしてその道の熟達者になった。

そのきっかけは、**意地っ張り**がゆえに、くじけず何とかしようと、藍の鑑定を試みたことだ。それが思わぬ成功を導いたのである。

父が藍を鑑定するすがたを見て、ある程度覚えてしまっていたという、その**優れた観察力**にもおどろかされるが、とにかく**あきらめず**、**とりあえずチャレンジしてみる**、その精神に学ぶべきであろう。

―倹約・節度を尊ぶ―

父の強い戒めによって、**倹約・節度を尊ぶ心**がうえつけられ、それが栄一の将来に大きな影響をあたえた。若いうちから贅沢が身につくと、大人になるにつれて、それが助長する。逆に若いうちから**倹約・節度**が身につくと、それが生涯に渡って財産となる。

ただし、ただ節約というわけではなく、お金のつかいかたについて栄一はこう述べている。

「真に理財に長ずる人は、よく集むると同時によく散ずるようでなくてはならぬ」

「金に対して戒むべきは濫費であると同時に、注意すべきは吝嗇《りんしょく》である」

『論語と算盤』（仁義と富貴）

本当にお金を有効に用いることができる人は、**お金をよくあつめ**、同時に**お金をよくつかう**ことのできる人である。そうすることによって、社会を活発にして、経済界の進歩を促すのである。

お金についていては、**濫費**、つまりむやみにお金をつかうことは戒めなければならない。と同時に**吝嗇**、つまりむやみにお金を惜しむことにも注意しなければならない。

心得ておきたいことである。

― 競争がはげみを生む ―

良質の藍をつくった農民に格付をあたえるだけで、農民たちの**競争心を刺激**した。そうすることで買取価格はすえおいたまま、藍の品質を向上させたのである。よく考えられた方法である。

競争がよい商品をつくり出すための原理になること。この原理を機能させるためには、かならずしも金銭は必要ではない。原理をうまく機能させるためには、職業に対する**プライドを認めるシステム**があればよい、という考えを栄一はもっていたのであろう。

何より、かれ自身が「他の地方の藍玉に負けないものをつくろう」という**競争心**と、「今年よりも来年はもっとよいものを」という**向上心**を兼ね備えていた。

「すべて**物**を**励**むには
競うということが**必要**であって、

「競うから励みが生ずるのである」

『論語と算盤』（算盤と権利）

物事にはげむためには競争が必要であり、競争があるからこそ、そこにはげみが生じる。この**競争の原理**によってよい商品も生まれるのである。

ただし、栄一は競争には二種類あって、善競争と悪競争があるとしている。

善競争とは、毎日人よりも早く起きて、工夫をして、智恵と勉強によって他に勝つというものである。

一方、悪競争とは、他人が事をくわだて、世間の評判がよいのをまねて、側《はた》からこれを侵《おか》すというものである。

当然、善競争でなければならないことは、いうまでもない。

「余が思うには
善意なる競争を努めて、
悪意なる競争は切に避けるのである」

『論語と算盤』（算盤と権利）

第二章 転換

「人が世の中に処してゆくのには、
形勢を観望して気長に時期の到来を待つということも、
決して忘れてはならぬ心懸である」

『論語と算盤』（処世と信条）

「窮すればすなわち通ずという格言がある。人はいかに窮迫に会っても、至誠と勉強に欠けるところがなければ、必ず開運の道があるものである」

『渋沢栄一訓言集』（処事と接物）

窮すれば通ず（行き詰まって困りきると、かえって思いがけない活路がひらける）という格言がある。人は行き詰ってどうにもならなくなっても、至誠と勉強に欠けていなければ、かならず道はひらけるものである。

栄一は、さまざまな経緯を経て、どうにもならない行き詰まった状態のなか一橋家の家臣となる。大きな転換であり、ここから道はひらけるのである。

Episode 5

江戸行きを懇願する

「江戸へ出て学問をしたいんです。どうか江戸へ行かせてください」

こう栄一が願うと、父はこたえた。

「いいたくないので、おさえていたが……」

そして、諭すようにこういった。

「お前は、わが家の跡取りだ。家業をおろそかにしてはならん。それなのに学問をするために江戸へ出たいという。これは困ったことだ。このままでは安心してお前に家業を譲ることができないではないか。そういう考えはあきらめて、家業に精を出してもらいたい」

「父上のおっしゃることは、もっともなことですが、この時勢では農民だからといって学問ができないと困ります」

「だが、家業のほうは……」

「江戸に行くといっても、春先の農業の暇なあいだだけです。ぜひお許しを」

家業のみにはげんでいられなくなった栄一。天下の政治について議論するうちにどうしても江戸城下の様子を自分の目で見たくなったのである。

「そういわれても……」

「お許し願います」

このように何度かいい合いをくりかえすが、結局、父は許してくれた。これまでの栄一の言動から、このまま無理にとめると、出奔《しゅっぽん》しかねないと考えたからである。

渋沢栄一の生涯

――農民から一橋家家臣へ――

栄一、江戸へ行く

激動する幕末にあって、血洗島村でも同志があつまっては盛んに天下国家を論じていた。とくに栄一は、十七歳のときのあの御用金事件以来、討幕への思いが強まりこそすれ弱まることはなかった。

栄一の師匠の尾高惇忠の実弟・長七郎は、二つ年上の従兄で、江戸で剣術家を目指していた。その長七郎は、たびたび友人をともなって帰ってきては、しきりに議論をした。長七郎たちは江戸にいただけに、当時の天下の形勢について詳細に語った。

しかも師匠の尾高が、こうした時事を論じる中心人物であっただけに、何かというと寄りあつまっては天下の政治を論じるようになった。栄一は幕府や雄藩の動向、異国の話などを聞き、議論するのが楽しみであり、かれの血潮も沸き立つのであった。こうして栄一の思想も急速に進んでいったのである。

そして、どうしても家業のみにはげんではいられなくなった。ついに文久元年（一八六一）の冬、江戸城下の様子をぜひ見たいと強く望み、春先の農閑期に従兄の喜作と一緒に江戸に出たいと、父に懇願したのである。

懇願の末に江戸行きを許された栄一。三月、喜作と江戸へ向かうかれの胸には熱いものが込み上げていた。二十二歳の春のことである。

江戸に到着した二人が見た江戸の光景は、田舎で聞いていたよりもはるかにおどろくべき状況であった。開国に関する国のありかたをめぐる攘夷派と開国派の対立、朝廷と幕府の対立による尊王派と佐幕派などの抗争が入り乱れる。さらは雄藩の思惑による主導権争いや異国との貿易に反発する動きなど、江戸城下の混乱は極《きわ》みにあった。

このような混乱状況の江戸で、二人は儒学者・海保漁村《かいほぎょそん》の塾で漢籍を学び、また北辰一刀流の千葉道場に通った。

もとより栄一に儒学者になろうとか、剣術家になろうという意図はなかった。江戸城下の有能な志士と交遊を深め、仲間をつくりたかったのである。つまり、人間関係に重きをおいていたのだ。栄一と喜作は、海保塾や千葉道場で知り合った志士たちと大いに天下国家について論じた。その過程で二人は、尊王攘夷に対する思いが一層強くなり、その実現へと駆り立てられていく。

二カ月ほど江戸に滞在して、約束通り五月に村へ戻った。そして二人は、江戸には師と仰ぎたい者や同志にしたい人物が大勢いることを尾高たちに熱く語るのであった。

こうした状況であったので、栄一は家に帰ったあとも、家業はほとんど手につかないありさま。こうなると父はますます栄一の行く末が心配になっていくのである。

Episode 6

栄一、結婚する

「お前、結婚してくれんか」

「結婚ですか」

「そうだ。尾高の千代さんだが、お前も幼なじみでよく遊んだ仲だ。どうだ」

「千代さんですか」

父は、国事に強い関心をもちはじめた栄一の将来を心配していた。

そこで、早めに所帯をもたせたら、おち着くのではないかと考え、安政五年（一八五八）十二月に嫁をとらせた。栄一、十九歳のときのことである。

相手は、幼いころから気心の知れている尾高の妹・千代、十八歳である。いとこ同士の結婚というわけである。

両家ともつましい暮らしを信条としていたので、婚礼は質素に行われた。千代はとても働き者であったが、その考えかたは先進的であった。千代が十二、三歳のころ、栄一らとともに兄の尾高の講義を聞いたときのこと。講義後にわからないことを質問すると、兄はこういった。

「女子《おなご》がそんなことを知ってどうするんだ」

「兄さん、女子といっても同じ人間です。人として物の道理を知ることがどうしていけないのですか」

この言葉を聞いてハッとした尾高は、それ以降、暇があると『論語』などを教えたという。

こうして二人の新婚生活がはじまったわけだが、父の心は息子には届かず、栄一はますます尊王攘夷にのめり込んでいく。

千代には気をもむ日々がつづくことになるのであった。

討幕を計画する

江戸遊学以来の栄一は、一人前の憂国の志士となった気分で、ときを忘れて天下国家を論じ、幕府の悪政や腐敗を憂《うれ》いた。

当然、家業には身が入らず、おろそかになる。たびたび父から農民の身分をわきまえるよう説教されるが、栄一の尊王攘夷の思いは強くなる一方であった。

文久三年（一八六三）、栄一はふたたび江戸への遊学を願い出た。父は、最初は反対したが、かれの強い決心は揺るぎそうにもなく、聞き入れることにした。

父は、江戸にどうしても行きたいのならしかたがないが、決して無分別な考えを起こしてはならない。人間としての道を踏み外してはならないと諭した。

こうして栄一は喜作とともにふたたび江戸へ向かい、塾や道場の仲間に声をかけ、議論をする。

栄一は、瀕死の状態におちいっている幕府の暴政を見聞きするにつけ、尊王攘夷の具体的な方策を考えるべきときが来ていると確信した。そして、討幕計画を練るようになる。

かれはこの計画を郷里に帰って尾高と喜作に相談することにした。というのも、血気にはやる者が多い江戸城下にあっては、事を起こすまえに発覚するおそれがあったからだ。

栄一は急いで血洗島村に戻り、尾高家の二階で尾高らと密議をした。

この一年前の文久二年（一八六二）八月に生麦事件が起きていた。島津久光《ひさみつ》（薩摩藩主・忠義《ただよし》の父で最高実力者）が、江戸から帰るさい、薩摩藩の大行列に騎乗のイギリス商人たちが出会った。そして、行列を乱したとして同藩士が、かれら三人を殺傷したという事件である。この事件がもとで、翌年七月には薩英戦争が起きている。

この生麦事件のように、外国人を二、三人斬っただけでは何の意味もなく、栄一たちは天下を動かすような大騒動を起こすにはどうすればよいかを協議した。

協議の結果、討幕計画が決定した。

それは、一挙に横浜の外国人居留地を焼き討ちにし、外国人と見たら片っ端から斬り捨ててしまうという物騒な計画であった。

そのために、まずは上野国《こうずけのくに》（現在の群馬県）の高崎城を乗っ取り、城内の武器を調達して、兵備を整えたうえで、高崎から一気に鎌倉街道を通って横浜に出る。そして、この挙兵によって、江戸の仲間たちが横浜へ駆けつけ騒乱状態となる。これを機に尊王攘夷をとなえる諸藩が一斉に蜂起《ほうき》する。

さらには、横浜居留地を焼き払い、多数の同胞が殺されるとなれば、欧米列強の幕府に対する責めは、生麦事件どころではない。外国からも莫大な要求がある。そうなれば、幕府はかならず倒れるであろう。そうして、天皇を尊ぶ新しい政権を樹立して、攘夷を実現しようと考えたのである。

体制は、大将が尾高で、栄一と喜作、長七郎が参謀役。参加するのは、渋沢一族郎党と、千葉道場や海保塾で懇意になった同志、その他かれこれあつめて六十九人ばかりであった。

決行日は、この年の冬至の日（十一月十二日）に決めた。

そして、栄一は尾高と喜作に同席してもらって、父・市郎右衛門に勘当を願い出ることにしたのであった。

勘当を願い出る

「父上もご存じのように、天下は大いに乱れています。天下が乱れているときに、農民だからといって安閑《あんかん》とはしておられません。ですから、自分の生きる方向を定めて乱世に処する覚悟をしなければならないと思っております」

「しかし」

栄一が語りつづけようとするのをさえぎって、父はこういった。

「それは大きな心得違いだとわしは思う。お前の考えは一応もっとものようだが、それは自分の分際を越えた、いわば非望をくわだてようということだ。もともと農民の生まれなんだから、どこまでもその本分を守るべきだ。いまの幕府政治を論じたり、幕閣の失職に意見したりするのは構わない。何も時勢にまで目をつぶって、家業にのみ精を出すのが道だというわけではない。だが、本分まで捨てて不相応な望みを起こさんでもよいではないか」

ここでやめさせなければ、取りかえしがつかないと思い詰めた父は、くりかえし説いた。しかし栄一の決意はかたかった。考えに考えぬいたことであり、父にしたがうわけにはいかなかった。

「いま、幕府の政事がここまで衰えると、この先どうなるかわかりません。もし日本が転覆するような場合も、自分は農民だから関係ないといって傍観していられましょうか。そのことを知った以上、もう安閑としてはいられません」

「だが、考えてみよ。わしら農民がいくら騒いだところで、国がやることについてはどうすることもできないではないか」

「しかし、何もしなければ日本の国は悪くなるばかりです。こんな混迷した非常なときは、少しでもよい方向を目指すべきです」

「いや、この国の政事をよくしようと考えること自体が思いあがりというもんだ。さっきもいったとおり、農民は農民としての本分を忘れてはならないのだ」

「ですが、叔父さん……」

同席した尾高も話に入り、喜作も客観的な情勢を訴えた。

この話し合いはいつ終わるかも見えないまま、ついには空が薄明るくなった。

そして夜が明けるころには、父もどんなに説得しても、栄一を引きとめることはできないと悟った。

「もうわかった、何もいわん。お前は自分の信じる道に向かって勝手に進むがよかろう。わしは、これまでとかわらずに麦をつくって、藍の商売をして、農民として世を送る。お前はそれができないというならしかたがない。今日からお前を自由の身にしてやろう。だが、今後はお前の相談相手には一切ならんぞ。わかったか」

自由の身になることを許された栄一。だが、「中の家」のひとり息子であることにはかわりない。つまり、この家の跡継ぎがいなくなることになる。これは農家でも大問題なので、こういうほかなかった。

「私の勝手を許していただきありがとうございます。国事に身をささげる以上は、父上や母上に対しては、このうえもない不幸な次第で、とうていこの家を相続できません。ですから、どうか速やかに私を勘当して養子を定めてください」

「いや、いま突然お前を勘当すると、かえって世間は怪しむだけだ。ともかく家を出るがよい。お前が罪を犯すことさえしなければ、この家に迷惑がかかることもあるまい。いまは勘当を願い出すにはおよばない。これからは、どうか正しい道理を踏んでもらいたい。そして、誠意をもって事にあたり、思いやりをもった志士といわれるようにするのだ。それができたら、お前がどのようになっても、わしは満足だ」

息子に対する愛情の深い戒めの言葉。鉄のようなかたい意志をもっていた栄一もおちる涙をとめられなかった。

ただ、父からのこの問いにはこたえなかった。

「お前たちは、これから一体何をするつもりなのか」

「江戸に出たうえで、方針を定めたいと思います」

栄一は、こう言葉を濁すしかなかったのである。

討幕計画の中止

父の了解を得て、自由の身となった栄一は、九月に江戸に出て、決起に向けた最後の準備を進めた。一カ月ほど江戸で準備を整え、十月下旬に血洗島村に戻った。

旗揚げまで残すところあとわずかである。期日もせまったので、あちらこちらの土蔵の隅に隠しておいた槍や刀などを整理しなければならず、またその他の準備もしなければならないので、同志の者たちに役割を分担して、準備を進めていった。

栄一が村に戻ったのとほぼ同じころ、尾高長七郎が京都から帰ってきた。長七郎が京都にいたのには、次のような訳があった。

かれは、前年の一月十五日、老中安藤信正が襲撃された坂下門外の変に関与していたのである。この事件に連座して捕らえられた者は、首謀者のひとりの儒学者・大橋訥庵《とつあん》以下少なくなかったが、長七郎はその大橋一派にくわわっていたのである。よって、かれにも嫌疑がかけられた。

長七郎はそのさいに郷里にいたが、身に危険がせまっていることを知らず、江戸に出発した。その後、田舎までも逮捕の手がのびることを知った栄一は、長七郎のあとを急いで追い、熊谷宿でようやく長七郎に追いつく。そして、ここから方向をかえて、一刻も早く京都に逃れ、しばらく嫌疑を避けるよう忠告した。

この栄一の忠告にしたがい、長七郎は京都で身を隠していたのである。

長七郎にこれまでの計画や成り行きを詳細に語り、また京都の形勢をたずねた。するると、大いに期待していた有力な同志である長七郎の意見は、まったく反対のものであった。そこで、文久三年（一八六三）十月二十九日の夜、尾高家の二階で幹部があつまり、いよいよ事を決すべく評議をした。

その場で長七郎は、最近の情勢を根拠に計画の中止説を主張した。その主張にだれもがおどろいた。強硬に尊王攘夷を訴えていた長七郎の言葉とは思えなかった。

最近の京都の情勢を見聞し、体験している長七郎が、自重論を主張したのには理由があった。長七郎は、「天誅組《てんちゅうぐみ》の変」のみじめな失敗を目撃してきたばかりであったのである。天誅組は尊王攘夷派の武装集団で、大和国で挙兵するが、幕府軍の討伐をうけて壊滅《かいめつ》した。

長七郎はもう以前のような過激な攘夷論者ではなかったのである。

結局、夜を徹して論じた末に、長七郎は栄一を刺し殺してでも計画を中止させるといい、栄一も長七郎を殺してでも決行すると主張した。

こうして両者相譲らず、はげしく応酬し、いまにも刺し違えるのではないかと思えるほどの興奮状態となった。両者のあいだに入った尾高は自重論に傾き、議論のつづきは日をあらためて行うことを決めた。

時間が経つと、栄一も気持ちがおち着き、考える余裕ができた。そして、静かに考えてみると、どれ一つをとっても長七郎のいい分のほうが正しいいように思われてきた。

栄一の合理的な思考がふたたび目覚めたのである。

再度の討議の場で、栄一は自らの非を認めた。長七郎の説にしたがって、計画をいったん中止し、他日、天下の形勢をうかがって初志貫徹することを提案した。

そして、尾高がこの度の決起を中止することを宣言し、謀議を重ねてきた討幕のくわだては消えたのである。

栄一、京都へ放浪

討幕計画を中止した栄一らは、まず同志たちに手当をあたえて解散したが、もちろん自分たちの身の振りかたも考えなければならなかった。

栄一は、国事に身を捧げようとして家を出た以上、そのまま故郷に踏みとどまろうという気にはならなかった。故郷にいては将来志をのばす機会を得られないという考えもあった。

また、身に危険もせまっていた。江戸から遠く離れた田舎でも、このままではすまない状況であった。計画を中止したあとには、知らず知らずに話がもれて、当時の公安警察にあたる八州取締(関東取締出役)の耳に入るおそれが出てきたのだ。事実、すでに八州取締の手がまわっているという情報も届いている。だから、このまま踏みとどまっているのは危険と思われたのである。

　各人が身の振りかたを決めなければならなかったが、尾高はすでに一家の戸主で、家政上の責任ある身だったので村を出るわけにはいかない。長七郎は、京都から帰郷したばかりだから疑われないだろうと、村で剣術の指南をすることになった。残るは、栄一と喜作である。

　二人は京都に行くことにした。いっそ尊王攘夷の本場である京都で再起を期したほうがよいのではと考えたからだ。

　故郷を離れるさい、栄一は父にこれまでのことを話した。父は「いまさら仕方がない。ここに百両あるが、これをお前の餞別《せんべつ》にやる。今後は自重して身を誤るようなことをしてくれるな」といって、旅立つわが子に百両を渡した。いまから京都に行くとなると金がかかるだろうという思いからだ。栄一は心のなかで涙した。

　そして、この百両はわが子にあたえた最後の金となったが、わが子がのちに日本一の実業界の指導者となり、富豪ともなる。当時、父はこのような将来を夢にも思わなかったであろう。

　栄一と喜作が、まわりには伊勢神宮に参拝し、京都見物に行くと吹聴し、故郷を立ったのは十一月八日であった。二人はいったん江戸へ出て武士の身なりをするなどの準備を整える。

当時は物騒な世のなかで、素浪人では嫌疑をうけるおそれがあったので、その危険を避けるために一橋家の用人・平岡円四郎の家来という名目で旅をすることにした。

このことが、のちに栄一が一橋家に出仕する機縁となったのである。

平岡は栄一にとって関係の深い人物であったが、平岡と出会ったときの話として次のようなものがある。

Episode 8
平岡と出会う

「攘夷というのは無謀な考えだな」

栄一が、初対面の平岡に尊王攘夷の必要性や幕府の悪政などについて堂々と申し立て、それを聞いていた平岡のこたえがこれであった。

「えっ」

栄一と喜作は思わず顔を見合わせる。水戸学を尊ぶ一橋慶喜の側近のまさかの言葉におどろいた。二人は平岡が開国論者だと知らなかったのだ。

さかのぼること、栄一たちが討幕計画の準備を進めているときのことである。

江戸で武具調達とともに、憂国の同志たちの参加を確認していた。そうしたなかで、喜作が一橋家の御用談所調方頭取《ごようだんしょしらべかたとうどり》の川村恵十郎《えじゅうろう》と知り合い、かれのすすめで一橋家側用人《そばようにん》の平岡円四郎と会うことになる。

川村は平岡から家臣の選任を命じられて、城下の塾や道場などの門弟たちのなかから気骨ある有能な人材の情報をあつめていたのである。

平岡は、旗本の四男として生まれ、のちに平岡文次郎の養子となる。学問所頭取になるなど、若いころからその聡明さは知られていた。

そして、推挙され、嘉永六年（一八五三）十二月、平岡は慶喜の側近となったのである。

平岡は、越前藩の橋本左内《さない》とも親交があり、開国論者として知られ、慶喜に開国を説いていた。

栄一と喜作が平岡にはじめて会ったのは、文久三年（一八六三）九月二十三日である。

「そちらは、夷狄《いてき》と話したことがあるか。海の向こうには、いくつもの夷狄の国がある。そこがどんな国で、どんな世界なのか知っているか。どうだ。わしもよくわからぬ。だからこそ、自分たちが住んでいる日本のことだけを考えていてはだめだ」

平岡からこういわれた栄一。夷狄のことなど考えもしないこと。まったく頭になかった。

きっぱりとこういい切る平岡。これほど鋭く、物事の本質をとらえた人物に会うのははじめてであった。さすが慶喜の側近中の側近。何か魅了されるものがあった。

屋敷を下がる二人に平岡は声をかけた。

「また、話に来い」

平岡のほうは、物おじせずに自説を語る農民あがりの若者に、何ともいえないたのもしさと気概を感じていた。

一橋家では、栄一と喜作を家来に取り立てることを決めた。

二人は、今後の身の安全を確保するためにも、一橋家の威光が必要だと考えていた。

十月二十日、二人は平岡をふたたびたずねた。

あいさつを済ませたあと、栄一はこういった。

「この不穏な世のなか、何が起こるかわかりませぬ。一橋家に事あるときには、壮士を五、六十人率いてお家のために馳《は》せ参じる所存でございます」

「それはありがたいことだ。そのときは、よろしくお願いしよう。そちらと論じて、国のために尽くしたいという心がけはよくわかった。残念なのは身分が農民であることだが、幸い一橋家に仕官する道がある。このたび、わしは殿様が京へお上《のぼ》りになるので、お供をすることになった。どうだ、そちたちも一緒に京に行かぬか」

平岡は京都へ同行するようすすめるが、二人には討幕計画の実行が目前に控えている。

「そういわれましても……いますぐ行くわけにはいきません」

「そうか。では、あとからでも来ればよい。そのときはわしの家臣として来るがよかろう」

平岡をたずねた甲斐があった。これで何かのときには一橋家の平岡の名前

をつかえる。「しめた」という思いを胸に二人は屋敷をあとにした。

この平岡との出会いが、その後の運命を大きくかえることになるのだが、このとき栄一はそれを知る由《よし》もなかった。

思いもよらぬ手紙

栄一と喜作は、平岡の家来という名目で旅をするため、江戸で根岸の屋敷をたずねた。平岡は慶喜に同行して京都におり、留守であった。二人は、必死の思いで家臣に事情を話した。

しばらくして奥から出てきた平岡の夫人が、伝言をいう。

「渋沢が家来にしてもらいたいと来たときは、許して差し支えない。京の屋敷をたずねるように申し伝えよ」

これで、二人はいまや名義だけとはいえ、一橋家の家来として京都に向かうことができるのである。そして、いよいよ江戸を出発して京都へと向かった。

無事に京都に着いたのは十一月二十五日であった。とりあえず平岡をたずね、またそのほかの一橋家の家来二、三人を訪問した。だが、一橋家に仕官するつもりはなかった。

京都に来てからは、どこそこの塾をたずねるとか、だれそれをたずねて意見を聞こうとか、行ったり来たりの状態。一カ月あまりはこんな風で行きあたりばったりのおち着かない日々であった。

そして十二月、ただこうして遊んでいても無駄だから、いまのうちに伊勢神宮に参詣《さんけい》しようと、伊勢に旅立った。

こうして文久三年(一八六三)も暮れ、翌年一月に京都に戻った。

故郷を出てからおよそ二カ月にすぎなかったが、父からもらった百両の金も残りわずかになっていた。将来の展望もなく遊びながらの生活のおかげである。

そこで、仕方なく、一橋家側用人の猪飼正為から金を借りて暮らすはめになった。

二月初旬のある日、昨年十一月に別れた長七郎が江戸から送った手紙が届いた。それには思いもよらない変事が記され、二人は驚愕《きょうがく》した。

その手紙は江戸小伝馬町《こでんまちょう》の牢屋から送られてきたものであった。

内容は、長七郎が中村三平ら二人と江戸に出る途中、戸田の原でまえから来た飛脚を斬り殺したというものであった。このため三人とも捕まり、牢に入れられ、手紙は獄中から出したものであった。

問題は、長七郎がもっていた栄一たちからの手紙である。これには、「予想通り外交問題で幕府は行き詰るに違いない。われわれが国家のために尽くすのは、このときである。貴兄も京都に来てほしい」という内容が書かれていた。長七郎はこの手紙をふところにもったまま捕縛されてしまった。つまり、幕府を批判する手紙が幕府の役人に押収されてしまったのである。

長七郎からの手紙の最後には、二人に嫌疑がかかるかもしれないので、十分に身辺を警戒せよとあった。

手紙を読み終わった二人は、不安に襲われ、しばらく言葉も出なかった。

こんなことなら、むしろ当初の予定通り計画を実行していたほうがよかった、と愚痴と悲しみ、憤りとで、二人とも歯ぎしりするばかりである。

やがて気を取り直し、二人は善後策を話し合ったが、名案は浮かばない。さすがの栄一も自分の手紙が幕府に渡ってしまっては、どうすることもできない。もう、万事休すの状態となった。

安閑とすごしていた二人の状況は一変したのである。その夜は思案のうちに明け、一睡もせずに朝を迎えた。

そして、朝、すぐに屋敷に来るようにとの平岡のつかいが来た。

平岡と二人のやり取りは次のようなものであった。

Episode 9

平岡が仕官をすすめる

「今日は、そちたちに少しただしておきたいことがある」

いつもと違った厳しい様子で平岡が切り出した。

「これまで江戸で何か計画したことがあるなら、隠さず話してもらいたい」

「いえ、別に計画したことはございません」

急な質問に、まずは否定をした。

「だが、何か事情があるのだろう。ほかでもないが、そちらのことについて、幕府から一橋家に問い合わせがあった。わしもそちたちと懇意だし、気質も十分知っているから、悪くは計《はか》らわぬ。何事も包み隠さず話してくれ」

いまの栄一たちは、もう平岡にすがるしかない。こうして京都に来られたのも平岡のおかげ。こうなっては知らないではすますわけにはいかない。

「実は私どもには心あたりがあります。私どもの仲間が何か罪を犯して、幕府の手に捕らえられて牢につながれたとの手紙が昨日届きました」

「その仲間というのはどういう者か」

「はい、その仲間というのは私どもと志をともにしていて、そのうちひとりは尾高長七郎といい、剣術の師匠をしている者です。わたしの妻の兄にあたります」

栄一がこうこたえた。

「しかし、それだけであるまい。何かほかにも事情があるのではないか」

こう聞かれたところで、平岡が何もかも承知のうえでこう話しているのだとわかった。

もう、これ以上隠し立てをしてもしかたない。人を殺した長七郎が捕まり、二人からの手紙が幕府の役人に押収されたことなどを述べた。

「その手紙にはどんなことが書いてあったのか」

「その手紙には、はなはだ幕府の嫌疑になるようなことを書いたようにおぼえております」

「そんなことであろう。そちらは、まさか人を殺して財物を取ったことはあるまいな」

「いや、それは決してございません。殺そうと思ったことはたびたびございましたが、まだ殺す機会に出会っていません。もっとも恨みについて人を殺すとか、物取りのために人を殺そうと思ったことなど一度もございません。ただ、義のために殺そうと考えたことはありますが、それでも手を下したことはありません」

「しかとそのとおりか」

「決してございません」

「それならそれでよろしい」

そして、平岡はこういう。

「幕府では、大体のことを探知しているようだ。ただ、京へ上るさいに一人がわしの家臣と称していたので、徳川一門の手前、すぐに手を下すことができず、渋沢両人が本当の家来なのかを確認したいといってきている。さて、どうしたらよいものか」

「……」

そう問われても、かえす言葉はない。下を向いてかしこまるしかなかった。

「幕府では、そちたち両人が一橋の家臣でないことは承知しているようだ。が、一応大事を取って問い合わせてきたのだ。わしも、家臣でない者を家臣と偽《いつわ》ることはできぬ。さりとて家臣でないとこたえれば、ただちに捕縛されて打ち首になるやもしれぬ。それで困っているのじゃ」

「……」

「わしは、そちらが惜しいのだ。尊王攘夷を果たし、お国の役に立ちたいという思いはわかる。そこで、どうじゃ、これまでの節を曲げることになるが、思い切って一橋家に仕官してみないか。わが殿は有能なお方、名君として知られている。一命を託してみるだけのことはあるぞ。そのほうがそちたちにとっても得策だと思うぞ。家臣になるなら、幕府側にその旨を伝えて二人に手出しはならぬと返答しよう」

実際そのとおりで、これで栄一と喜作はたすかると思った。だが、牢につながれている長七郎のことを思うと即座に返事をすることができない。一橋家といっても、昨日まで打倒を叫んできた幕府の一門である。

しばらく考えてこうこたえた。

「ご親切に感じ入りますが、これは出処進退に関すること、この場で軽率にご返答いたしかねますので、よくよく相談しとうございます。いましばらくお時間をください。明日にでもご返事申し上げます」

二人は屋敷をあとにした。

Episode 10 慶喜に拝謁する

「おれは、江戸に帰って何としてでも、獄中の同志をたすけ出したい」

喜作はこういいはる。

平岡に「一橋家に仕官してみないか」とすすめられた栄一と喜作は、どうすべきかを相談した。

栄一は仕官に傾いたが、喜作は反対であった。

京都に来てから世の形勢を目の当たりにし、栄一は物の考えかたが空想的から現実的に、感情的から理性的に進んでいる。

幕府を倒すことを目指していた身からすれば、一橋家への仕官は男の体面としてできないこと。だが、家来にならなければ、みなが捕らえられて打ち首になるだけ。

栄一は、先を見すえながら、現実においてどうすべきかを冷静に考え、必死に喜作を説得した。

そして翌日、平岡をたずねた。

「熟慮の末、平岡様のおすすめのとおり、二人とも一橋家にお仕えすることを決心しました。どうぞよろしくお取りなし願います」

「よく決心した」

栄一と喜作は、一橋家に仕官することにしたが、このままでは面目が立たない。そこで栄一はこういう。

「ここにわれら二人の愚見を記した書がございます。これをお殿様にご覧いただき、そのうえで召し抱えられるかどうかのご判断をしていただきたいと存じます」

「そうか、それはおもしろい。何なりと出してみよ」

栄一は、昨晩二人で考え、したためた意見書を平岡に渡した。

「この非常な時勢においては、幕府や朝廷に重要な任務を果たすために幅広く有能な人材を登用すべきである。これらの者を適した役職につかせて、能力を十分に生かすことが肝要である」といった内容であった。

平岡は一読する。

「よろしい。これをご覧に入れるようにいたそう」

さらに栄一はこういう。

「もう一つお願いがございます。ぜひお殿様にお目にかかりとうございます」

すると、平岡の様子は一変する。

「それはできぬ。そちたちを会わせるわけにはいかん」

武士の社会は身分がすべて。低い身分の家来は殿様の顔さえ見ることができない。ましてや、家来になっていない栄一たちの申し出は当然うけ入れることはできない。

「それでは私どもは御奉公を辞退するしかありません」

「まったく、困ったことをいうやつだ。まずはともかく評議してみよう」
二、三日後に平岡は二人を呼んだ。一計を案じたのである。

「近々、殿様が馬に乗って松ヶ崎に出かけることになった。その途中に出ていって、目に留まるように工夫するがよい。だが、馬に乗っているので、走らなければならないぞ」

これには栄一も困惑した。背が低く小太りのかれは、走ることが大の苦手だったからだ。だが、ほかに工夫のしようもないので、走るしかなかった。

その当日、慶喜の馬が見えるとすぐに走り出した。十町ほどの距離を汗だくになりながら走りぬいた栄一であった。

その後、非公式に拝謁が許された。

慶喜に謁見する二人。さすがにその威厳に打たれた。だが、物事に動じない気力、精神力をもった栄一。いまこそ大事のときと、おち着き払って、かつ遠慮なく思うところを述べた。

「おそれながら申し上げます。今日、幕府の命脈はすでに尽きたと申し上げてよい有様であります。自ずと一橋家も命運をともにするおそれがございます。いまは遠く離れたところからおたすけなさるほかに策はないと考えます。

このような天下多事のときにあたっては、天下を治めようとする人もあり、

また天下を乱そうとする人もありましょうが、その天下を乱す人こそが他日天下を治める人になります。それゆえ、天下を乱すほど力量のある人物を館《やかた》にあつめることが肝要だと考えます」

主君は静かにうなずくだけであった。

また、少し注意をもったように思えただけであった。

そして、慶喜の圧倒的な威厳を感じ取る二人であった。

栄一、家臣となる

文久四年（一八六四）二月、栄一と喜作は一橋家の家臣となった。栄一、二十五歳のときである。

屈辱的な御用金事件で、武士となって世に立ちたいという思いを抱くが、それがここで実現するのである。そして立派な人物になって、この国をよくしたいという思いの第一歩をふみ出すのである。

これは栄一の人生において、最初の大きな転換であった。

栄一の役職は奥口番《おくぐちばん》というもので、屋敷の奥の出入口の番人で、いたって身分の低いものであった。

もっとも、この奥口番は表向きの役目で、実際の任務は、一橋家の外交用務を取りあつかう御用談所の下役で、上洛する諸藩の役職者や留守居《るすい》役などの意見を聞いたり、諸藩の形勢を探知したりすることであった。

それから御用談所の脇の古い長屋を借りて、そこに喜助と同居することになった。だが、豪農に生まれ育った二人には、炊事や洗濯の経験がない。失敗しながら、交代で行った。飯の炊きかたもこのときにおぼえたという。

二人は長屋で鍋釜を買う金もないような極貧生活を送った。だが、貧しくても、二人とも故郷から金を取り寄せることは、死んでもするまいと決心した。

そして生活費を徹底して節約した。なぜなら、まずは借金を返済しようと考えたからである。節約を重ね、浪人時代の猪飼からの借金二十五両は、四、五カ月ほどで全額を返済した。この二人の律儀で誠実な心がけに、猪飼はとてもおどろいた。

栄一は、苦しい境遇を見て快く金を貸してくれた猪飼の恩義を決して忘れなかったのである。のちに地位があがっても、栄一は初心を忘れずに欲を制した。

こうして家臣になって、身を慎み、生活が安定してくると、活動的でかつ頭脳明晰な栄一は、職務に精励しつつ、頭角を現していくことになる。

なお、家臣となるさいに、武士名に改名している。栄治郎では武士に不似合いというこ とで、平岡のすすめにしたがって篤太夫《とくだゆう》（喜作は成一郎《せいいちろう》）と改名した。

また、この先は一橋家のために尽力することになるが、一橋家は徳川御三家に次ぐ御三卿という家格である。慶喜は、水戸藩主の徳川斉昭の子であり、弘化四年（一八四七）に一橋家を相続した。

渋沢栄一に学ぶ

―ネットワークの構築―

父に懇願して江戸で学んだ栄一。塾や道場に通うが、その主たる目的は学問や剣術ではなく、**人脈をつくる**ことであった。

このときの様子について、渋沢栄一の自伝『雨夜譚』には次のようにある。

「**読書・撃剣**などを**修行**する**人**の**中**には、**自然**とよい**人物**があるものだから、**抜群の人**々を**撰**んでついに**己**れの**友達**にして、ソウシテ**何**か**事**ある**時**に、**その用に充**《あて》るために**今日**から**用意**して**置**かんければならぬという**考**えであった」

多種多様な人材があつまる江戸で、多くの優秀な人々と友人となる、いわばネットワークをつくろうとしていたのである。

さまざまな人材との交流をとおして、**ネットワークを構築**する。そして、何か事が起きたとき、また何かをしようというときに、それを活用しようと考えていたのだ。

そもそも自分ひとりの力では限界がある。

「いかなる**英雄豪傑**でも、いかなる**賢人君子**でも**自分一人**のみでは、とうてい**大事業**を**営み得**られるものではない」

『渋沢栄一訓言集』（処事と接物）

後年、栄一は大事業を営むことになるが、自分ひとりで行ったわけではない。さまざまな人たちの協力があったからこそ、なし得たのである。

また、多くの人と接することについては、次の言葉がある。

「**人**のこの**世**に**存**《ながら》えゆくには、**自己一人**にては**何事**もなし**得**るものではない。**万事**に**触**れ、**万人**に**接**するによって、**始**めて**種々**の**交渉**も**起**こり**自己**の**発達**もできるのである。されば**世**に**処**し、**人**に**接**するには、**個人**を**本位**とせず、よく**世**と**調和**するように**心掛**けねばならない」

『渋沢栄一訓言集』（処事と接物）

人が人生を送るうえで、自分ひとりでは何事もなすことはできない。多くの人と接することによって、さまざまな交流が行われ、自分自身をも成長させることができる。そして、人と接するときには**調和**を心がけなければならない。実践していきたい心得である。

――**冷静な判断**――

尊王攘夷運動に突き進んだ栄一であったが、窮地に追い込まれ、万事休すの状況におちいる。

このとき平岡が「一橋家の家臣とならないか」と救いの手を差しのべた。一橋家の家臣となることは、節を屈することになる。男としての面目も立たない。だが、栄一はここで**冷静な判断**を下した。節を屈してでも、家臣になると。**現実を見つめ**、**将来を見すえ**、最善の策を考え、導き出したこたえである。もし、このときの**現実を直視**した**冷静な判断**がなかったら、以後の渋沢栄一は存在しなかったであろう。

この判断によって、その後のかれの人生はひらけたのである。

「**人**はいかなるばあいにもその**頭脳**を**冷静**にし、**自己**を**忘**れぬように**注意**するのが、**意志鍛錬**の**要務**である」

『渋沢栄一訓言集』(立志と修養)

―金銭を尊ぶ姿勢―

長屋での貧しい生活。生活を切り詰め、徹底的に節約をした。そして、借金を早く返済しようと努力した。

「**金銭**の**貸借**には、もっとも**信義**を**重**んじ、**一銭**の**小額**にても、**借**りたるものは、**返**さねばならない。**借金**を**何**とも**思**わぬ**者**は、**到底発展**のできぬものである」

『渋沢栄一訓言集』(処事と接物)

少年時代から藍の商売にたずさわってきた栄一。お金の価値、お金の大切さを熟知していたからこそ、借金は必ず返済しなければならない、一刻も早く返そうと考えたのだろう。

「金銭は生活上極めて価値あり、もっとも尊ぶべきものである。ゆえに一厘《りん》一毛の微といえども、みだりに取捨してはならない。余は道にあらざれば決して取らず、また決してこれを散ずることをしない」

『渋沢栄一訓言集』（処事と接物）

お金を尊ぶこと。ごくわずかなお金であってもみだりに取り扱ってはならない。必要以上に取ろうとせず、一円たりとも無駄にすることがあってはならない。心がけたいことである。

第二章　精励

「一度従事した仕事は、これを完成するまでは止《や》めぬという心掛け、
すなわち忍耐力が肝要である。
かくのごとき辛抱ありて、多年の経験を積んでこそ、
はじめて成功の人となり得るのである」

『渋沢栄一訓言集』（実業と経済）

「何事に当たるにも全力を傾注せよ。勤勉精励は、成功の要素である」

『渋沢栄一訓言集』（実業と経済）

何事をするにも、全力を傾けて取り組むこと。精を出してはげむこと、懸命につとめはげむことが、成功を成り立たせる。栄一は、一橋家の家臣となって任務に精励する。勤勉精励によって出世を果たし、自らの人生をひらいていくのであった。

Episode 11

密偵として活動する

「幕府の失政をきっかけにして天下に事を起こそうとするのは、薩摩と長州の二藩です。薩摩の動向に注目しなければなりません。薩摩の動きを知らなければ、京都を警護することはできません」

栄一は、こう平岡にいった。

「まったく、そのとおりだ」

平岡は深く同感し、こうつづけた。

「内輪の話だが、今度、薩摩の折田要蔵《おりたようぞう》という築城家が御用掛で大坂へ行くことになった。何とか、その折田の弟子になって、薩摩の内幕に入り込むことができたらよいのだが……」

「私がもぐり込んでみましょう」

「そうか」

「勉学のために塾生にしてほしいとたのみ込み、内弟子となるのです。そして内情を探るという方法がよいでしょう」

「では、たのんだぞ」

「かしこまりました」

こうして栄一は、つてをたよって、折田の内弟子としてもぐり込むことになる。

そして、薩摩藩の動向を探るのであった。

これが栄一の初仕事。平岡の密命によるものであった。

渋沢栄一の生涯
――一橋家家臣から幕臣へ――

栄一の初仕事

当時、幕府は、京都を守護するために摂海《せっかい》（大阪湾）に防禦《ぼうぎょ》台場（砲台）を築く必要があると考えていた。そこで、摂海防禦の専門職を置くことになったが、これより前に薩摩藩の実力者・島津久光がこのことについて幕府に意見を述べ、あわせて藩の築城家の折田要蔵に摂海防備の設計を立てさせた。久光はこの防備の設計案をもって幕府を説いた。幕府は折田に大坂で砲台を築く御用掛を命じた。

この折田は、弁舌さわやかで、砲台築造の必要性を滔々《とうとう》とまくしたてるような人物であった。

物事の本質を見ぬく眼をもった平岡は、いまひとつ折田を信用することができなかった。

　また、最強の薩摩軍を有する島津が、禁裏御守衛総督《きんりごしゅえいそうとく》と摂海防禦指揮の役職をねらっているという情報が、密かに平岡の耳に入っていた。禁裏御守衛総督は、いまでいえば天皇などの皇族や皇居を護衛する皇宮《こうぐう》警察本部長、摂海防禦指揮は大阪湾の沿岸警備隊長となる。平岡は、これを絶対に阻止しなければならなかったので、薩摩の動きを注視する必要があったのである。

　そこで、栄一が折田の内弟子となり、折田の本当の能力を調べるとともに、薩摩藩の動向を探ることになったのである。

　栄一は、折田の塾生となって大坂へ赴《おもむ》いた。それは、元治元年（一八六四）二月のことであった。

　折田は、薩摩ではそれほど身分の高い人物ではなかったが、幕府の御用掛になってからは、宿泊先の家の玄関に紫の幕をはり、「摂海防禦御台場築造御用掛折田要蔵」と大きく書いた看板をかかげて、いかにも尊大ぶっていた。

　そんな所に栄一は内弟子として住み込んだが、築城学を学ぶという名目だったので、最初のうちはたいへんであった。下絵図をつくるとか、書類を写すとかが中心で、はじめてのこともあり、墨の色に濃淡ができたり、線が曲がったりして思うようにはできなかった。

もっとも、それが真の目的ではなかったので、はげむ気にもならなかったのである。

だが、栄一にとって都合のよいこともあった。それは、折田の供の者はみな純粋の鹿児島弁で、他国の人とは言葉が通じなかったが、栄一は鹿児島弁もやや理解でき、江戸言葉はもちろんできたことである。

そのためかれには使者の役目が命じられた。大坂町奉行や勘定奉行、大目付などへの重要な用をまかされ、それをしっかりとこなし、信用を得たのである。

このような活動をしているうちに、折田が島津久光に意見を申し述べていることや、西郷隆盛に意見書を出していることなどの情報を得ることができた。また、折田の人物もよく観察したので、それらを平岡に報告した。

すると、もう呼び戻そうということになり、栄一は四月に京都に帰った。かれはただちに詳細を平岡に報告し、折田は外見ほどには実力のともなわない人物であると結論づけた。また、平岡からおほめの言葉を

島津久光
（国立国会図書館ウェブサイトより）

もらったことはいうまでもない。

平岡はあつめた情報をもとに先手を打った。慶喜自らが禁裏御守衛総督・摂海防禦指揮の任を申し出たのである。そして、それを朝廷が命じたのであった。

なお、このころのエピソードに次のようなものがある。

Episode 12 はじめて西郷と会う

「おはん、このごろの幕政を何と見ておいやすか」

ギョロリとした目の大男、西郷隆盛は栄一にこう問いかけた。

栄一が西郷にはじめて会ったのは、薩摩の動向を探るという任務についていたころである。

大坂から京都へ戻っていた栄一は、平岡に呼ばれた。西郷が宿舎としていた相国寺《しょうこくじ》に行って、書面を渡すように命じられた。そして西郷とも話してこいといわれる。

内偵活動の一つである。

このとき西郷は三十七歳。栄一より一回り年上であった。薩摩軍の司令官で京都における藩代表として、時勢の動きを注意深く見ていた時期である。

「最近の幕政改革で少しはよくなったかに見えますが、それは枝葉ばかり。土台そのものは腐っております。幕政の根本である老中政治をかえていかねば、何もかわらないかと思います」

小柄ながら精悍《せいかん》な栄一はこうこたえた。

「同感でごわす。一橋公の家臣としては目のつけどころがよか」

「ありがとうございます」

「ところで、おはんは、どぎゃんな経歴のお人でごわすか」

栄一が的確に幕府の現状をつかんでいることを知った西郷は、素性を

西郷隆盛
(国立国会図書館ウェブサイトより)

聞いたのである。

栄一は農民に生まれ、国を憂いて討幕を試みようとしたこと、平岡のおかげで一橋家に仕えるようになったことなどを話した。

さらに西郷はこんな話をした。

「これからは国政の中心を京へ移してみてはと考えとう。そして、一橋や薩摩、土佐、肥前などの雄藩で国策を決めることにしたらよか。慶喜公には中心となってもらい、その下に、諸藩の優秀な人材によって政策を審議する機関をつくってみたい」

そして、西郷は最後にこういった。

「ただ、慶喜公は腰が弱くていかん」

話し込んでいる間に食事時となり、西郷の好物だという豚鍋が出てきた。日本では牛や豚を食べる習慣がなかった時代だっただけに、豚鍋が攘夷派の西郷の好物だとは思ってもみなかった。

おどろいた栄一の顔を見ながら大笑いする西郷。

「夷人《いじん》と同じものば食わんと、戦をしても勝ち目はおわさん」

西郷とはじめて会った栄一。饒舌《じょうぜつ》ではないが、その物言い、しぐさなどに親しみをもった。

西郷の茫洋《ぼうよう》とした奥の深さを感じとった栄一は、心のなかでこうつぶやいた。

「並みの人物ではない」

その後も、西郷に薩摩名物の豚鍋を三度ほどご馳走《ちそう》になったのであった。

兵士のスカウトを担当

最初の任務を首尾よくつとめた栄一は、翌月、さらに重要な任務につくことになる。栄一と喜作は、関東人選御用の任を命じられた。

二人はかねてより、広く天下の志士を抱えるべきであり、関東の友人のなかにも相当の人物がいるから招いてもらいたいとの希望をもち、たびたび進言していた。

そこで、地理にも明るく、知人も多い関東で兵士の任用、つまり兵士のスカウトにあたることになったのである。

また、これを機会に同志の長七郎を救い出したいという考えもあったから、栄一たちにとって、このうえもない幸運なことであった。

一橋家の所領は、八国で十万石ほどである。関東では、武蔵国と下総国《しもうさのくに》、下野国《しもつけのくに》にそれぞれ所領があった。昨年秋に逃れ去った関東に、一橋家の家臣として公然と下るのである。感慨深いものがあったであろう。

二人は、江戸に到着すると、一橋の館へ出頭し、用向きをその筋の役人に申し述べ、小石川の代官屋敷に行って、領地の村々の巡回手続きなどを打ち合わせた。それらの業務を終えたあと、心にかかる長七郎の救出を試みた。

御用人の黒川嘉兵衛《かへえ》に、勘定吟味役・小田又蔵宛の長七郎の赦免の依頼文を書いてもらった。小田に会って、その旨を願い出たが、殺人の現行犯であることから面会も許されなかった。

そのほかの筋にもたのみ込んでみたが、いずれも不成功であった。やむを得ず、ときを待つことにした。

その後、栄一たちは兵士の選任に専念することにした。二人は江戸遊学中に知り合った千葉道場の門下生たちを誘おうと考えていた。だが、目星をつけていた同志の多くが、水戸藩尊攘派が率いる天狗党にくわわっていたため、あてが外れてしまった。

そこで二人は方針をかえ、一橋の領地内を巡回して人選につとめた。その結果、剣術家を八、九人、漢学生を二人、農民兵を三、四十人ほどあつめることができた。この人々を連れて中山道から京都に上ることにした。

途中で、父をはじめ家族に会いたいという気持ちもあり、故郷の様子を知りたくて尾高惇忠につかいをやった。

すると、尾高は天狗党に勧誘されたかどで、岡部藩の牢屋に入れられたという。また、岡部の陣屋の役人は、二人を大謀叛《むほん》人のように思っており、血洗島村ではいまでも悪評がたっているとのことであった。

栄一と喜作は郷里に立ち寄ることは見合わせて、ほかの場所で父や妻、そして長女に会った。一時は明日の命もわからないと思っていた父や妻は、立派な武士となった栄一を見て、涙を流さんばかりに喜んだ。

長女の歌子は二歳というかわいい盛りにあるが、抱きしめることしかできなかった。妻には申し訳なく思うが、いまは我慢するしかなかった。

このとき、栄一と千代は、二人がふたたび会えるのは、何とこの四年後であることを思いもしなかった。

平岡の突然の死

こうして任務を遂行していったのだが、その間に二人を茫然自失とさせる事件が起きていた。

何と平岡が、この年、元治元年（一八六四）六月に暗殺されたのである。

平岡は、強硬な攘夷派から「慶喜が攘夷を行わないのは、開国派の平岡がいるからだ」と思われていた。水戸藩の過激な藩士は早くからかれを斬ろうとしていた。とくに池田屋騒動のあとは平岡をうらむことはなはだしかった。

たまたま平岡は川村恵十郎とともに、一橋家家老の渡辺甲斐守をたずね、その帰り、水戸藩士に襲撃され即死した。従者二人も戦って殺され、川村も負傷した。

世のなかがますます物騒となり、京都や大坂での暗殺事件などは珍しくなかった。だが、二人にとって大恩人である平岡が殺されたとは信じられなかった。平岡は京都を出るときに、巡回の心得を諭して見送ってくれた。もう、その平岡に会えないのである。

二人がその悲報を聞いたときの悲痛は察するにあまりある。どんなに悲しみ、どんなに憤《いきどお》ったことか。

知り合ってから九カ月ほどであるが、すぐれた人格者である平岡と身近に接したことは、栄一にとってとても幸運なことであった。平岡は、人をよく理解し、自分にないものは進んで人にもとめた。そして意見が違う者であっても、有能な者は重用した。

平岡は、それぞれの人物の素質を見ぬき、その人のよさをうまく生かしながら、進む道をひらいてきた。栄一は平岡からこうした手法を学び、それを後年に生かしていくのである。

栄一たちは、平岡の死に落胆しながら、九月に新しい兵士たちを引き連れて京都に戻った。

京都では、平岡の死後は黒川嘉兵衛が、主席用人として一橋家の政事を執り行っていた。黒川は、平岡の存命中から平岡についで勢力があった人物であったので、その地位をつぐのは当然であった。

黒川は、取り立てて優秀な人物ではなかったが、時代がきわめて困難な状況にあるという認識をもち、人の才能をよく知り、人の言葉をうけ容れる長所はもっていた。

栄一にとって、黒川は平岡ほどたよりになる気はしなかった。だが、京都に帰って報告したさいに、厚く労をねぎらわれ、親切に待遇されたので、一度望みを失った栄一たちも、ふたたび望みを得て、職務に精励した。

こうして黒川にも重んじられることになり、その後もとんとん拍子に出世していくことになる。

薩摩や長州などの雄藩では、国の将来を見すえて、有為な人物であれば下級武士や郷士であっても積極的に取り立てた。また、独自の藩校を設けるなどして人材育成に力を入れていた。

こうした雄藩と対等に渡り合うために、幕府も旗本や御家人の若い有能な人材を登用したかった。だが、長い太平の世にあっては気概のある者はほとんどいなかった。

幼いころから勉学や剣術にはげみ、天下国家のために働くことを目指してきた若き栄一と喜作は、一橋家の家臣となり、このまたとないチャンスを見事につかんでいくのである。

天狗党の乱と諸藩士との交際

元治元年(一八六四)、天狗党の乱が起きた。尊王攘夷派の水戸藩士・藤田小四郎が、幕府に攘夷を促すために筑波山で天狗党を挙兵した。当初、六十人余りであったが、郷士や農民のほか、他藩の浪士が次々とくわわり、一時は千人を超えることもあった。

幕府は、全国規模の争乱に発展することを危惧《きぐ》し、関東諸藩に天狗党討伐令を出した。また、水戸藩の保守派は、討伐軍を編成するとともに、弘道館(水戸藩の藩校)の書生を中心にした諸生《しょせい》党を結成した。

そして、下妻《しもつま》（現在の茨城県下妻市）に集結した水戸藩の討伐軍や諸藩の軍と、天狗党との戦いがはじまる。戦いは、次第に天狗党の劣勢となっていく。

その後、天狗党は京都に向かうことを決意する。天狗党の決起があくまで尊王攘夷にあるということを、慶喜から朝廷に伝えてもらい、汚名を晴らそうと考えたからだ。だが、幕府はすでに天狗党を逆賊として討伐することを決めていたから、入京させることはできない。慶喜は、早期に事態の収拾をはかろうとし、自ら天狗党討伐軍を率いて、大津へ出陣した。このとき栄一も、出兵の供にくわわっていた。

天狗党は、諸藩との戦いで傷つきながらも京都へ向かう。だが、越前に入ったところで、慶喜が京都から討伐軍を率いると知らされ、命運尽きて加賀藩に降伏した。

こうして元治元年（一八六四）も暮れた。明けた慶応元年（一八六五）、幕府の倒壊がせまっていたが、この年はまだ小康状態である。

京都では、禁裏御守衛総督である慶喜の威勢が増すにつれて、一橋と諸藩との交流が盛んになっていった。黒川は御用談所の事務を取り仕切っており、つねに諸藩との交際に奔走《ほんそう》していた。栄一たちも宴会ごとに供をしてつきしたがった。ほとんど毎晩のように、諸藩士たちと花街で会っていた。

そうしたなかで、まれに国家を憂える志士もあって、天下の形勢を論じる相手もないではなかったが、多くはただ酒を飲み、芸者と遊ぶのを、このうえもないよろこびとするような者たちであった。

栄一は、そうした状況を不愉快に感じ、わずらわしくなってきた。いまやっているのは、自分たちの本来の仕事ではないという気がたえなかった。だが、このままダラダラと流されるおそれもあるので、二人は倹約・質素を守って、謹厳実直であろうと喜作と約束する。そして、自ら遊興することもなく、酒も慎んでいた。

その精励は、昇進という形で報いられた。小十人《こじゅうにん》並という身分になった。これは「御目見《おめみえ》以上」で、慶喜に拝謁できる身分である。役は御用談書下役から出役に進んだ。異例の出世である。

だが、その後も交際宴会はつづく。相手の諸藩士は単なる交際上手という連中ばかり。こんな連中と酒を飲んで口先だけの議論をしても、何にもならない。だから、何か少しでも実際に役に立つような仕事をしなければ、奉公の甲斐がない。そう考え、いろいろ思案して、一つの方策を考え出した。

このときの栄一の姿勢には、空論を排除し、実際に役に立つ、実効性をもとめる傾向が現れている。このような姿勢が将来の偉大な実業家の下地として培われていくのであった。

Episode 13
阪谷朗廬と論争する

「このあたりに、道場はないのか。学者はおらぬか」

栄一は村々の庄屋にたずねた。

かれは備中《びっちゅう》で歩兵の募集活動にあたっていたが、ひとりの応募者もなく、土地の事情を探ってみることにした。

そこで、土地の学問や武芸で有名な人物と懇意になり、かれらから情報を得ようと考えたのである。

「道場でしたら剣術家の関根という先生がいます。学問でしたら阪谷朗廬《さかたにろうろ》先生がいらっしゃいます」

領民にたずねると、だれもが学問では阪谷の名をあげる。

「その阪谷先生は、どこにおる」

「はい、阪谷先生は寺戸村に興譲館《こうじょうかん》という塾をひらいておられます」

「そうか、ではさっそく行ってみよう」

栄一は、清酒一樽に漢詩を添えて阪谷に送り、翌日、興譲館をたずねた。

そして阪谷や門下生たちと時事を論じ合った。

「欧米列強が通商を望むのは決して侵略主義によるものではない。日本がそれを排除するのは、人道に欠けるばかりか、世界協同の趣旨にも反する」

阪谷は儒学者でありながら、開国論を主張した。

かれの主張は、歴史の必然性に基づく大局的で現実的なものであった。論説の奥深さに栄一は感服するのであった。

だが、栄一も堂々と反論する。

「外国と対等な国力をもったときに開国するべきであり、いまはそのときではない」

酒を酌み交わしながらの議論はさらに白熱し、たがいに相譲らなかったが、歓談を楽しむことができた。

このあとも、阪谷や門下生たちを宿に招待し、たがいに胸襟をひらいて、痛飲しながら通商の利害や国家のありかたなどを大いに議論したのであった。

またある日、栄一は門下生にこうたずねた。

「何かおもしろいことはないか」

「おもしろいことですか」

「そうだ。毎日議論ばかりしていては退屈だ。おもしろいことをして遊ぼうではないか」

「それでは、鯛網《たいあみ》がよろしいでしょう」

「それはいい。さっそく出かけよう」

栄一は、興譲館の門下生や近くの青年たちを連れて鯛網に出かけた。

これは、海中に網を下げて、船で引き寄せるしかけで、鯛は網の下をくぐらず、上のほうへあがってくるので、みな網にかかってしまう。

鯛がたくさんかかったときは、海面が赤くなるほどであった。

さっそくその鯛を料理して、酒を一杯。

魚を味わい、酒を酌み交わし、ある者は詩を吟じ、ある者は語り、愉快なときをすごした。

また、関根という剣術家とも親しくなった。ある日、手合わせをしてみると、栄一が打ち負かしてしまう。評判ほどのつかい手ではなかったようである。

「いま来ている渋沢という役人は、阪谷先生と議論するほど学問にすぐれているらしいな」

「剣術の腕もすごいらしいぞ」

「さすが一橋家のご家臣は違うな」

というように、栄一のうわさは村中にひろまっていくのであった。

備中での歩兵募集

実際に役に立つような仕事をしなければならないと思い、栄一が考え出した方策というのは兵備の充実であった。一橋家は他藩とは異なり兵力が少なく、京都を守る大任は微弱な兵力では十分に尽くせないと考えたのである。そこで、兵士を募集する任にあたらせてほしいと願い出た。

これが採用され、歩兵取立御用掛に命じられる。元治二年（一八六五）二月、二十六歳のときである。

今度は、喜作と一緒ではなく、栄一だけで西日本の領地をめぐり歩兵の募集を行うことになった。

一橋家の領地の代官所へ京都の勘定所から歩兵取立御用掛として渋沢篤太夫を派遣するので、渋沢の指図にしたがって募集すべしとの御用状が発せられた。

三月、栄一は備中の後月《しつき》郡井原《いばら》村（現在の岡山県井原市）に到着した。そして、小十人並の栄一はかごに乗り、数名の兵士をしたがえて陣屋に向かった。

陣屋では、代官をはじめ、領内の庄屋十余人がひれ伏していた。兵の募集の重要性を説明し、志ある者は歩兵に応募するよう布告を出せと命じた。だが、代官は栄一の口から直接申し渡したほうが効果があるといいはる。むっとしながらもそれにしたがった。

その後、連日、庄屋などを呼んでは、歩兵の募集の主旨を丁寧に説明した。しかし、応募しようという者はひとりもいない。意外な結果であった。

「これは、おかしい。何か裏に事情があるに違いない」と思った栄一は、強制的に募るわけにもいかず、気長に取り組んだら妙案も浮かぶに違いないと考え、呼び出しはやめてしまった。

いろいろ考えた末、村民たちの信頼を得るしかないという結論に達した。そして、土地の事情を探ってみることにしたのである。

そこで、学問や剣術にすぐれた人物をさがすことにした。自分自身が農民ながら尊王攘夷に目覚め、江戸で塾や道場に通うようになった。それならば備中でも、学者や道場にコンタクトをとってみれば、かつての自分と同じような志のある青年と出会うに違いない。そうした青年たちと親しくなれば、事情もおのずとわかってくるだろうと考えた。

そして、栄一は興譲館の阪谷朗廬をたずね、親交を深めたのである。

阪谷は、文政五年(一八二二)に備中国川上郡九名村(現在の岡山県井原市)で生まれた。幼少のときに下級官吏の父親が住む大坂に行き、大塩平八郎の塾で学んだ。その後、江戸で学び古賀侗庵《とうあん》に師事した。そして、帰郷し、郷校の興譲館の初代館長として招かれた。阪谷の名声は次第に高まっていき、多くの若者があつまるようになっていった。

なお、のちに阪谷の四男の芳郎《よしろう》(のちに大蔵大臣)は、栄一の次女琴子と結婚することになる。

こうして、栄一の評判はひろまっていくが、この備中での歩兵募集活動の顚末《てんまつ》は次のようなものであった。

Episode 14

代官のサボタージュ

「ここに兵士になりたいという数人の志願書がある。だが、そちたちの紹介では、だれひとり応募がない。これはたいへん不可思議なことである。どういうことだ」

栄一は、あつめた庄屋たちにこういった。

栄一の評判を聞いた若者が、二人、三人と応募してきたのである。志願書を書かせて、それを預かって、庄屋たち全員を宿に呼びあつめたのであった。

「拙者《せっしゃ》は、一橋公の命で来ている以上、もし、そちたちが裏で応募者たちを差しとめているとわかれば、不行き届きな者として斬ることなど平気なこと。そのように心得よ」

「も、申し上げます」

栄一の強い口調に押され、庄屋のひとりが口をひらく。

「誠に申し訳ございません。実は、お代官様が私どもに『一橋家の役人の申すことを聞いていると、こちらも、領民も苦労するだけだ。今回も志願者はだれもいないといえばよい』と内々に申されたのでございます」

「うん、だいたいの察しはついていた」

「ですから、志願する者がいても、それをおしとどめていたのでございます。はなはだ申し訳ございませんが、何とぞご容赦のほどお願い申し上げます」

やはり、代官のしわざであった。翌日、陣屋に向かった。

「この度の使命は、一橋公直々《じきじき》の命であり、非常に重大な責務をおびておる。ところが、いまだに庄屋からの志願者の申し出は、だれひとりいない。それは事実志願者がいないのか、または人選のしかたが悪いのか、それとも代官たる貴殿のふだんの薫陶《くんとう》が悪いのか、原因はこの三つ以外に考えられない」

「……」

「このままでは拙者の責任として、理由を徹底的に調査して、その証拠を添えて報告せねばならない。そうすれば、拙者はもちろん、貴殿も代官としての職務の責めが問われる。貴殿の身分にも迷惑がおよぶことにもなろう。この点をよくよく考えて、明日は貴殿からも厳重に説得されたらよかろうと思う。念のため一言申し上げておく」

栄一は岡部藩の代官のような愚弄《ぐろう》した態度はとらなかった。

だが、代官はおどろき、震えあがった。栄一のいいまわしから裏工作が露見したことがわかったのだ。そして、代官はあわてて自ら兵士の募集にあたった。

すると、続々と志願者があつまり、あっという間に二百人余りの兵を獲得することができたのである。

殖産興業の三つの計画

栄一は、備中で二百人余りの兵を得て、その後、播磨《はりま》から摂津《せっつ》、和泉《いずみ》と領地をまわった。先走りしたうわさが先導の役割を果たしたのか、これらの地方でも志願者が続々とあつまり、総数で四百五十人ほどの兵をあつめることができた。

大成功をおさめて五月中旬に京都に戻った栄一は、この成績を報告した。それを聞いた慶喜は大いによろこび、栄一にほうびをとらせた。

兵士募集の任務で領内を巡回しながら、二、三の計画が栄一の脳裏に浮かんでいた。

その計画とは、殖産興業《しょくさんこうぎょう》や財政政策に関するものであった。

栄一は、領内で米や特産品などの販売方法、流通経路などを調べていた。これらを改善すれば、一橋家の財政だけでなく、領民の暮らしも楽になるだろうと考えたのである。十代のころから、藍の商売で信州や上州などの国々をめぐり、より多くの利益を得る方法を研究するなどの体験が強く影響しているのだろう。

第一は、米の販売方法の改善であった。播磨や摂津は上等な米の産地であるが、そこから収納する年貢米はこれまで兵庫で売りさばくことになっていた。ところが、その販売を兵庫の蔵宿《くらやど》（年貢米の納入や払い米の仲介などを請け負う業者）にまかせていたので、米の価格が安かった。これを清酒で有名な灘などの酒造家に売れば、高く売ることができるだろうと考えた。

第二は、播磨特産の木綿《もめん》の販売方法の工夫である。播磨は晒《さら》し木綿（漂白した綿布）の多くできるところで、国の産物となっている。これを大坂で販売するにあたって、適当な販売方法をもうけたら、木綿が大いに売れるようになり、生産も盛んになるだろうと考えた。

第三は、備中には硝石《しょうせき》が多く産出する。硝石は火薬の原料であり、適当な製造方法を開発すれば、国の産物となると考えた。

兵士募集の任務を終えたうえは、財政を豊かにすることが急務であり、その事業こそ自分の本領であると考え、その案を練った。

栄一は、この三つの計画を取りまとめた建白書を提出し、黒川はじめ上役から強い賛同を得て、その取扱いを命じられた。慶応元年（一八六五）八月に勘定組頭並《かんじょうくみがしらなみ》に出世し、ふたたび領地に赴《おもむ》いた。

まず、兵庫に出張して年貢米の売りさばき方法の改革をした。従来、兵庫の蔵宿にまかせて売り出すことになっていたが、この折衝をするのが代官である。代官も自分のふところに影響しないので、その売買を有利に運ぼうなどとは思わない。結局、値段の取り決めかたも蔵宿に一任するようになっていた。つまり、競争原理の働かない取引である。

栄一は、播磨・摂津の良質な米を灘の酒造家に入札で直接売ることを試みた。すると、米は見事に高く売れた。要するに、独占的な仲買人を排除して、産地直送にしたというわけである。

次に、備中に四カ所ほど硝石の製造所を建てた。まえに知り合った剣術家の関根に硝石の製造の心得があったので、関根をつかい、土地の農民にも補助をさせた。

ただし、この製造所についてはあまり実績をあげることなく、終わってしまった。

藩札による金融システム

つづいて栄一は播磨に行き、木綿の販売方法について取り組んだ。そこの一橋の領地はわずか二万石にすぎなかったが、相当の産出量があった。しかし、領内の村民それぞれが各自で大坂へ売りに行くので、買いたたかれることがあった。

領内には人手もあまっているから、つくろうと思えばまだいくらでも生産能力はある。いまのままでは宝のもちぐされである。

近くの姫路藩では、木綿を藩であつめて管理し、江戸や大坂で売りさばくので、一反あたりの価格が高かった。

姫路藩のように、領民から木綿を高く買いあつめて、それを大坂や江戸でまとめて売れば、もっと利益もあがり、領民の暮らしも豊かになる。つまり、流通網を整備して、大量購入大量販売のルートをつくるということである。そうしなければ、領内の生産力も向上しないし、財政も潤《うるお》わない。そうするにはどうすればよいのか、栄一は知恵をしぼった。

栄一は一橋の藩札をつくって、これを流通させることを考え出した。江戸時代、全国規模で流通する紙幣は一度も発行されることはなかったが、各藩のレベルでは、金貨銀貨の不足を補って商品の流通を円滑にするために、藩札が発行されていた。

ただし、当時の各藩が発行する藩札は、非常に評判が悪かった。領内から一歩出ると通用しないばかりか、領内においても、その額面の何割かの値打ちしかないのが実情であった。

その原因は、正式な貨幣である金貨銀貨への引き換えが公正に行われていなかったことにある。藩の役人は、引き換えの財源がないのに藩札を発行していた。だから何とかして引き換えを回避しようとばかり考えていた。その結果、信用も地におち、だれも藩札をうけ取ろうとしなくなったのである。

栄一は、藩札についてこう考えた。

「さても愚かな話だ。元来金銀よりも紙幣のほうが便利なはずなのに、このように通用が不便になっているのは、正貨の引換準備が不十分だからである。ひとつ一橋の藩札だけは、正当な方法で発行して、立派に通用させてみせよう」

そして、いよいよ藩札を発行することにした。しくみは次のようなものである。

まず、播磨の今市村に藩札引換所として会所を設置した。そして、今市と大坂に準備金（引換金）を置く。大坂の準備金は豪商（一橋家御用達の商人）に預けておいて利息を取る。

播磨で木綿の売買を行っている商人は、買いつけた木綿を今市の会所にもっていき、そこで藩札にかえてもらう。

木綿はただちに物産会所に運ばれて大坂の問屋に送られる。

問屋は木綿を売りさばいた代金を大坂の会所の出張所に納める。

出張所はその正貨の一部を藩札との交換用に残し、豪商に預けて利息をかせぐ。

木綿を藩札とかえてもらった商人は、その藩札でふたたび木綿の買い入れに出かける。

木綿農家は、藩札と交換に木綿を商人に売る。その藩札は必要があればいつでも今市の会所で藩札の額面の正貨と引き換えてもらうことができる。

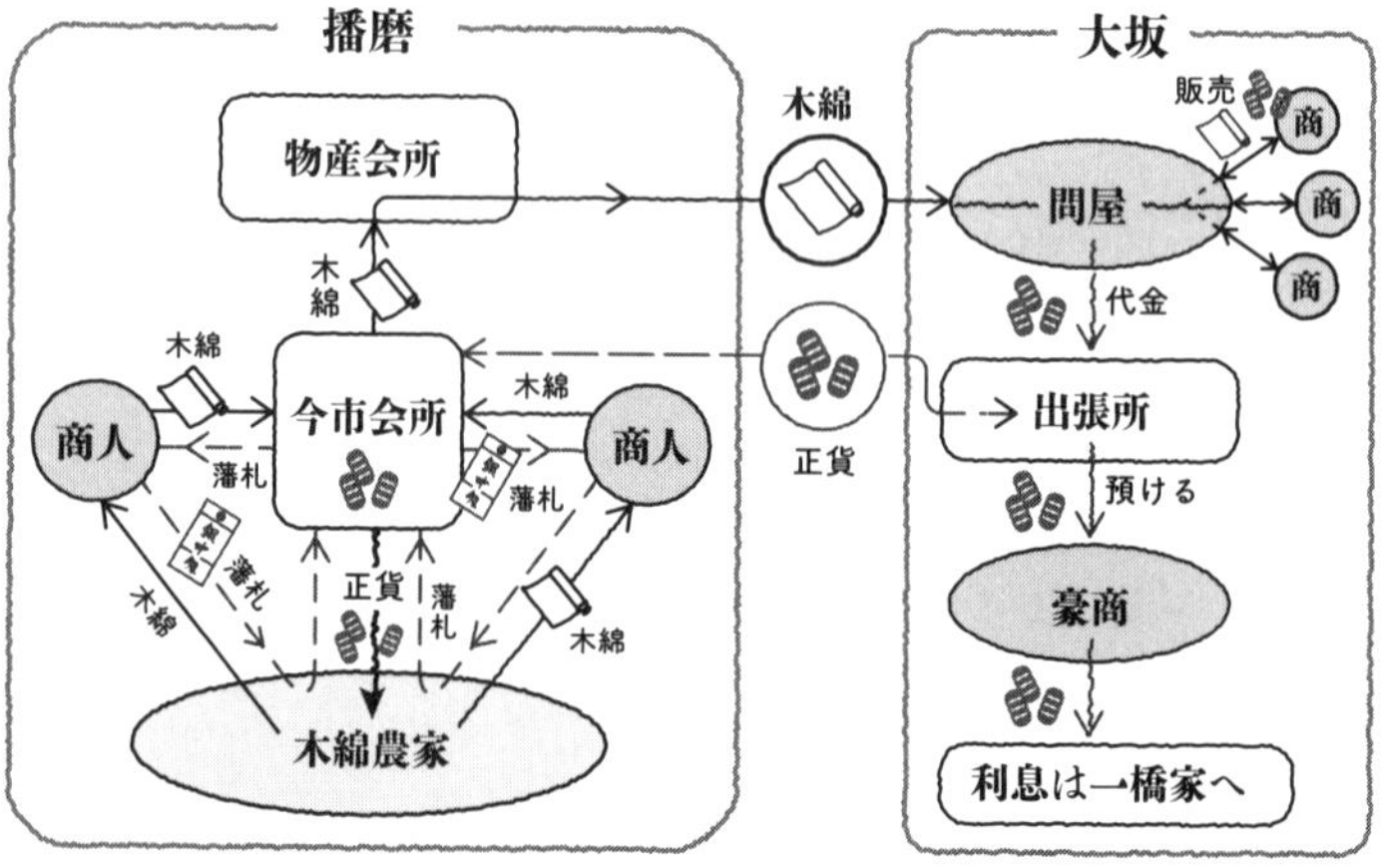

いつでも引き換えてもらえるという安心感があるので、あえて引き換えようという農民は現れず、藩札が自然に代用貨幣として領内に流通する。

商人は、買い入れた木綿がすぐに藩札となるので、何回も繰り返し買い入れに出かけることができる。そして、一段落ついたところで、今市あるいは大坂で、たまった藩札を正貨に両替してもらう。

なお、商人は、藩札と交換に大坂に送ってもらった木綿を、手数料を支払えば、自分で荷受けして自ら売りさばくこともできる。つまり、配送業務だけを委託することもできた。この場合、藩札は荷受け札のかわりとなる。

また、藩札の製作資金等は豪商に負担させ、一橋家の負担はなかった。

こうして、栄一は藩の財政を少しも危うくすることなく財政状態を改善し、領内の経済を豊かにすることに成功した。いわば藩札による金融システムを構築したのである。

藩札の発行高は三、四カ月の間に三万両まで達し、その分、木綿が動き、領民も藩も豊かになったのである。

行政組織の改革を実行

慶応二年(一八六六)の春、藩札発行の仕事が軌道に乗ったのを見きわめた栄一は京都に戻った。特産物の商いを盛んにした功績が認められて勘定組頭に命じられた。そして今度は、勘定所の組織改革に乗り出すことになった。それは、非常に困難を要する仕事であった。

なぜなら、勘定所の組織が複雑に入り組んでいて、業務が重なり無駄が多く、しかも、百人以上の家臣がいたからだ。

一橋家の財政改革に手をつける以上、収入に心を配るばかりでなく、支出の面でも経費削減に取り組まなければならなかった。強い反発を招きかねない仕事であったが、兵制の整備などで今後の出費がかさむことは目に見えている。なのでかれとしては、困難だからといって引き下がるわけにはいかなかったのである。

栄一は、改革の方針を記した建白書を示して、上司の勘定奉行らの了解を得たうえで改革を実行した。

まずは、業務の全容をつかむために、同僚や配下の者に仕事の内容や段取りを聞いてまわった。

また、煩雑《はんざつ》で重複している職務を洗い出し、一部を他の部署に振り分けたり、統合したりして業務を整理した。それに、余剰となる人材は、過去の経験や希望を確認したうえで異動させた。

栄一の改革は、たんに人件費の削減ということだけでとらえられない。たしかに、部署の統廃合を目指しはしたが、首切りで人件費を抑制しようとは考えていなかったからだ。第一、そんなことをすれば、家臣たちが黙っているはずはなく、せっかくの行政改革も抵抗にあって挫折していただろう。

かれの改革の主眼は、労働力を効果的に再配分することによって、停滞することを防ぎ、労働効率を高めることにあった。

そして栄一は、改革の目的や方針を明らかにして周囲とよく話し合い、家臣たちの信頼を得ることによって、改革を実行していったのである。

この改革によって、勘定所は質素で効率のよい組織へと生まれかわったのであった。

栄一、幕臣となる

こうしているあいだに時勢はいよいよ急迫をつげる。

元治元年(一八六四)七月、尊王過激派の長州藩兵と遊撃隊、それに長州浪人の連合軍が、京都御所に攻め込み、幕府軍と蛤御門《はまぐりごもん》ではげしく戦ったが、薩摩と会津を主体とする守備隊が圧倒的に優勢で、長州軍は撃退された。いわゆる「蛤御門の変」である。

孝明天皇は御所に攻め入ろうとした長州藩を征伐するよう勅命を出した。第一次長州征伐である。

この征伐の実質責任者の西郷隆盛が、長州藩に降伏条件を伝え、同藩が条件を実行したため、一度も戦火を交えることなく長州征伐は終わった。

しかし、尊攘派が一掃された長州では、その後、高杉晋作率いる奇兵隊が武装蜂起したのがきっかけとなって、藩論が一変し、倒幕に統一された。

こうして、いったんは尊攘過激派を一掃したかに見えた長州がふたたび倒幕派の手におちたため、幕府もこれを放置しておくことができなくなった。将軍家茂自らが上洛して長州再征伐の準備をはじめることになる。だが、坂本龍馬らの仲介で薩長同盟を成立させた長州は、西洋式の軍備の増強を積極的に進め、戦闘準備を整えていた。

将軍家茂は、第二次長州征伐を決め、自ら大坂城入りをして征伐軍の総指揮をとることになった。慶応二年(一八六六)六月、戦いがはじまる。慶喜も征伐の任務を引きうけることになる。栄一も出陣することになって、勘定組頭から御使番《おつかいばん》格に栄転した。

戦況は、十万もの長州征伐軍であったが、西洋式の戦術を駆使し、最新式の兵器をもつ長州藩のまえに、ほとんどの戦闘地域で敗走するというものであった。

このようななか、七月二十日、大坂で陣をとっていた将軍家茂が二十一歳で病没する。慶喜は、朝廷に出陣の辞退を申し出た。この実質的な敗北は、幕府の権威をさらに失墜させることになった。

出陣中止は、栄一にとってはむしろ好ましいことであったが、家茂の死去は、その一方で、もっとも困惑すべき事態を引き起こす結果となった。

それは、慶喜が、徳川宗家を相続して、第十五代将軍となるという話がもちあがったことである。慶喜が将軍となったら、一橋家の家臣は自動的に幕臣となる。

倒幕をとなえていた自分が幕臣となるという自己矛盾を抱える。いや、それ以上に問題なのは、慶喜が将軍になったとしても、早晩、倒壊が運命づけられている幕府をここで立て直すことはできないと思われたことである。栄一は、この点に関してはさまざまな状況から判断して強い確信をもっていた。

以前、栄一が密偵の活動をしていたとき、京都滞在中の西郷隆盛から意見を聞いたことがあった（*Episode* 12）。

「一橋や薩摩、土佐、肥前などの雄藩で国策を決めることにしたらよか。慶喜公には中心となってもらい、その下に、諸藩の優秀な人材によって政策を審議する機関をつくってみたい」

この西郷の意見などを考え合せて、栄一は相続反対の結論に達し、他の親藩から幼少の人を選んで宗家をつがせ、慶喜はいつまでも補佐の位置にいるのが得策であると考えたのである。

　そこで栄一は、当時、黒川嘉兵衛にかわって用人になっていた原市之進《はらいちのしん》に相続は何としてでも拒否すべきだとくりかえし説いた。

　原市之進も、その点は十分に承知していたので、それほどいうなら、思うところを慶喜に直接具申すればよいという話になった。ところが、栄一が拝謁をするはずのその日、慶喜は将軍家相続を受諾して、大坂へと向かってしまったのである。

　万事休す。栄一の失望は大きかった。栄一ひとりの力では歴史の流れをくいとめることはできなかったのである。

　こうして、栄一は落胆のうちに陸軍奉行支配調役に任ぜられ、一橋家を去り、幕臣として京都の駐在所に勤務することになる。陸軍奉行支配調役は、御目見以下の下っ端役人であった。ときに、慶応二年（一八六六）、二十七歳のことであった。

　京都の陸軍奉行の駐在所勤務時代のエピソードとして次のようなものがある。

Episode 15

新選組との捕り物

「新選組にたのみっぱなしというわけにはいかないのだ。だれかが正使という立場でついていかなければならないのだが……」

「よろしいでしょう。私が参りましょう」

栄一はこう進み出た。

そのころ、大沢源次郎という御書院番士が京都に滞在していたが、政治犯の疑いがかかり、京都町奉行から陸軍奉行に問い合わせがあった。

というのも、御書院番士という役は陸軍奉行の支配下にあったからだ。

陸軍奉行としては、この大沢を捕縛しなければならない。だが、この男には多数の共謀者がいて、鉄砲など兵器の用意まであるとの評判。陸軍奉行の役人では軽々しく手をつけられない。

だからといって、陸軍奉行の者を捕らえるのに、町奉行にたのむわけにもいかず、結局、新選組にたのもうということになった。

しかし、新選組にたのみっぱなしというわけにいかず、だれかが正使として新選組につきそっていかなければならない。

役所ではみな嫌がって名乗り出る者はいない。

いろいろ協議したあげく、「渋沢がいい」ということになったのである。

引きうけた栄一は、京都町奉行の役宅に行って、新選組の局長近藤勇と打ち合わせをした。

その夜、新選組の壮士六、七人に警護され、北野近辺にある家で休息して、大沢の動向を探った。

大沢は近くの寺に宿泊しており、いまは外出中だが、まもなく帰宅するということであった。

しばらくすると、帰ってきたという報告が入った。

「では、参ろうか」

と立ちあがる。

「渋沢さんは、見物していてください。われわれが寺に踏み込み、

近藤勇
(国立国会図書館ウェブサイトより)

大沢を捕らえますから、それから使命を伝えてください」

「いえ、それでは拙者の職掌が立ちませぬ。私は陸軍奉行からつかわされた正使です。私が奉行の命を伝えて、はじめて大沢は罪人となるのです。罪人ではない大沢になわをかけることは許されませぬ」

「なわをかけてから、いい渡してもよいではありませんか」

「捕縛してから、いい渡すことはできませぬ」

「斬りかかってきたら、どうするつもりですか」

「そのときは、こちらもそのつもりで相手になる」

というような問答を新選組とくりかえしながら、寺へと向かう。

門前に警護の武士を待たせ、栄一は近藤とともに寺に入る。

「奉行の命によりお迎えに参った。奉行所までご同道願いたい」

すると、そこには寝間着の大沢のすがた。そして大沢はあっけなく捕縛されてしまう。

これで栄一の仕事は終了し、その夜、陸軍奉行に捕縛の一部始終を報告した。

報告を聞いた陸軍奉行は大いによろこんだ。

こうした事件もあったが、当時は地位も低く、境遇は決して満足なものではなかった。
悶々《もんもん》とした日々がつづく。
このまま幕臣としてとどまっていても、別に用いられることもない。
いよいよ元の浪人になろうと思うようになる。
その矢先、栄一の人生をかえる大きな幸運がおとずれるのである。

渋沢栄一に学ぶ

―謹厳実直と実効性―

仕事とはいえ、諸藩士たちとの交際は、栄一にとって苦痛であった。このまま怠惰な生活に流されてしまう懸念もあった。

そこで、**謹厳実直**であることを喜作と約束し、身を慎み、まじめに正直に職務に取り組んだ。「この国をよくしたい、役に立ちたい」という思いをまっとうするために、空理空論ではなく、**実際に役立つ**、効果のあること、**実効性を追求**したのだ。

そして、実際に役立つこととは何か、何をすべきなのかを考え、兵備増強のため、兵士募集の担当になろうと自ら志願し、自ら行動を起こした。

「修養はどこまでやらねばならぬかというに、これは際限がないのである、けれども空理空論に走ることは最も注意せねばならぬ、修養は何も理論ではないので、実際に行うべきことであるから、どこまでも実際と密接の関係を保って進まねばならぬ」

『論語と算盤』（人格と修養）

修養について述べたものであるが、空理空論とならないよう戒めている。あくまで実際でなければならないと主張しているのだ。

まさに「**実業**」の思想、実業家としての栄一の姿勢が見てとれる。

また、栄一は自ら行動を起こしたが、次の言葉がある。

「何か一と仕事しようとする者は自分で箸を取らなければ駄目である」

『論語と算盤』（立志と学問）

ご馳走を用意してもらっても、これを食べるかどうかは箸を取る本人次第。仕事をするにも自分で箸を取らなければならないと説いている。

つまり、何かしようとするときは、自ら動かなければならないのである。

―客観的な立場に立つ―

備中での歩兵募集では代官の抵抗によって、はじめは苦戦する。

だが、うまくいかないからといって、あわてなかった。**客観的な立場**に立って、冷静に状況を見つめ、事態を分析した。

過去の自分に状況を重ね合わせ、塾や道場をたずねて、そこの志ある若者たちと懇意になるという突破口を見出す。その突破口から数名の若者の志願書を手に入れ、それを武器に最終的に代官に勝利したのである。

困ったときには、あわてない。**客観的な立場**に立って状況を見つめる。

実践していきたいことである。

—強い信念と改革心—

栄一は、経営・流通、財政、行政組織と次々に改革に取り組んでいった。そして、改革を成功へと導いていったのである。

どうしてこのような改革を実現することができたのだろうか。

それは、かならずなし遂げるのだという**強い信念**、**ねばり強く取り組む**姿勢、そしてたえず抱いてきた**改革心**、現状に満足せずに、つねに変革が必要だという思いがあったからであろう。

さらには、改革の目的や方針を明らかにし、よく話し合うことによって周囲の信頼を得ることができた。そして、人のやる気をも引き出していったのである。

学ぶべきことであろう。

―信用を運用する―

播磨の木綿の販売において、栄一は藩札による金融システムを構築した。画期的なしくみである。

このシステムは、人からの**信用・信頼**があったからこそ、藩札が円滑に流通し、うまく機能したのである。金融の根本は信用にある。

幼いころから儒学を学んできた栄一は、「**信**」「**誠**」、うそ・偽《いつわ》りのないことの重要性を十分に理解していた。ただし、儒学では「**信**」によって利益を生み出すことは説いていない。栄一は「信」よって利益を生み出す、**信用を運用する**術を独自に考案したのである。

「信用は実に資本であって商売繁栄の根柢である」

『渋沢栄一訓言集』（実業と経済）

信用が事業を行うにあたっての資本であり、商売繁盛の根本であるとしている。
では、その信用はどのように得られるものなのか。

「人はその分に従って業を励み、誠実をもって渡世に努むべきである。
これ貴重なる信用を得る所以《ゆえん》の最も正しき行程である」

『渋沢栄一訓言集』（実業と経済）

なすべき仕事にはげみ、誠実に生きるようつとめる、これが貴重な信用を得る道すじであるという。また、こうも述べている。

「商業上の信用というものは、
どこから起るかというに、偽らざるが根源である。
偽らぬという根源がなければ、信用の生じようがない」

『渋沢栄一訓言集』（実業と経済）

うそ、偽りがないこと、これが根本なのである。

第四章　見聞

「人は生れたままで満足を得られるものではない。
学ぶ、求むる、進むという順序で、
その機能を発揮し、
漸をもって向上進展し得られるのである」

『渋沢栄一訓言集』（立志と修養）

「学問は一種の経験であり、経験はまた一種の学問である」

『渋沢栄一訓言集』（学問と教育）

学問というものは、経験をすることである。また、経験をすることが、学び習うことになる。

悶々《もんもん》とした日々をすごしていた栄一。かれの人生は、また大きく転換することになる。フランスへの派遣という経験をし、栄一はヨーロッパの地で、近代資本主義社会のすがたを見聞するのであった。

Episode 16 フランス行きを命じられる

「来年、フランスでひらかれる万国博覧会にはじめて参加することになった。博覧会には、上さまの名代として弟君の民部公子《みんぶこうし》が行かれる。そのあと、民部公子は三年から五年ほど留学することに決まった。このため、上さまがたいへん心配している。そちがお供をして一緒にフランスに行ってもらえぬか」

栄一は、御用人の原市之進に呼ばれ、こういわれた。

「わかりました。喜んでフランスに行かせていただきます」

原の話が終わるか終わらないかのうちに、あっさりと、返事をする栄一。

それも、うれしそうに。

その返事におどろく原。

原は、栄一が尊王攘夷論者であることを知っていたので、断るのではないかと心配していたのである。

「海を渡って夷狄が住む外国に行くのだぞ、わかっておろうな」

「はい、承知いたしております」

「しかも、しばらくは帰ってこられないぞ。あとになってご遠慮いたすと申すことはないだろうな」

「はい、五年でも、十年でもお申しつけください。私は、もうどこまでも攘夷ができるなどとは思っておりません。海外のことを学ばせていただくということは、このうえもなくうれしゅうございます。どのような困難もいといませんから、ぜひお遣《つか》わしください」

この真剣な栄一の様子に、原はすっかり安心した。

「実は、上さまからの推薦があったのだ。篤太夫ならば、人間もしっかりしているし、将来の望みもある男だから適任だといわれたのだ」

「ありがたいお言葉、おそれ入ります」

「すぐに出発することになるが、差し支えないか」

「はい、結構です」

こうして、栄一は民部公子のお供としてフランスに行くことになる。

そこには、尊王攘夷に燃えていたころとは別の栄一がいた。

開国論者の平岡に仕えたこと。儒学者の阪谷との開国に関する議論。

時代の流れを感じ取りながら、異国を知りたい、この目で見てみたいと思うようになったのだろう。

討幕をもくろんでいた尊王論者が幕臣となり、攘夷を実行しようとしていた者がフランスに行く。

これは運命のいたずらか。

それとも時代がそれをもとめたのか。

ともかく、かれの人生はここでまた大きく転換するのであった。

渋沢栄一の生涯

―フランスへの派遣―

栄一、フランスへ行くことに

幕臣となった栄一は、悶々《もんもん》とした日々をすごす。やはり、元の浪人に戻ろうかと決意をかためたときに、原市之進に呼ばれ、フランス行きを告げられた。慶応二年（一八六六）十一月二十九日のことである。

イギリスは、薩英戦争や下関戦争での戦いを通じて、薩摩や長州らへの支援・協力関係を築いていった。

一方、フランスは日本での権益におくれをとっていた。そこで、フランスのロッシュ駐日公使は幕府への支援を申し入れ、慶喜の信頼を得ようとしていた。そして、ロッシュは、慶喜に皇帝ナポレオン三世が主催するパリ万国博覧会への参加を促していたのである。

この万国博覧会には、来賓として各国の元首や国王が招待されることになっている。日本もフランスと通商条約を結んでいる以上、代表使節を派遣するのが国際的な礼儀だと建言され、幕府も先進各国の状況を視察しておくのもよいだろうと判断し、徳川慶喜の弟の民部公子（徳川昭武《あきたけ》）を将軍の名代として派遣することにした。博覧会終了後も、民部公子はそのままフランスにとどまって、勉学をつづける予定であった。

民部公子には、外国奉行が随行することになっており、お守り役として幕臣も同行するが、勘定方が十分につとめられて、まだ十四歳の民部公子の身の回りの雑事をあつかう者が必要であった。

また、水戸藩から七人の藩士をお供させたいといってきた。この連中は外国人を夷狄と見なしている頑固な者たちである。これらの者たちをうまくつかえ、他の者との仲介役となる者がもとめられた。

そこで、だれか適任者はいないか

徳川昭武（民部公子）
（国立国会図書館ウェブサイトより）

と考えていたところ、慶喜が栄一を推薦したのである。

勘定方、つまり会計係がつとまり、かつ交渉にたけている人物という点で、一橋家で改革を実行してきた栄一は、まさしく適任であった。そして、原からフランス行きを告げられ、栄一は二つ返事でフランス行きを決めたのであった。

その後、栄一は旅支度に取りかかった。気がかりだったのは生死をともにすると誓い合った喜作のことである。このとき喜作は大沢源次郎を江戸に護送するため出張中であった。栄一は、このまま永遠に会えないのではないかと思い、一部始終を説明した手紙を送っていたが、旅立つぎりぎりのところで喜作が江戸から帰ってきた。再会を果たすことができ、かつ別れを告げたのである。

そして、慶応三年（一八六七）一月三日、民部公子一行は、京都を出発した。幕府の軍艦長鯨《ちょうげい》丸に乗って横浜港に着いたのは、一月九日であった。

こうしていよいよ一月十一日、民部公子一行はフランス船アルヘー号に乗り込んだ。崩壊寸前の日本をあとにし、近代資本主義の花咲くフランスへと向かうのであった。

横浜を出航、上海に寄港

慶応三年（一八六七）一月十一日、民部公子一行はフランス船アルヘー号に乗り込み、その後、幕府要人ほか多くの人々に見送られて、横浜港を出航した。

随行者は、勘定奉行格外国奉行の向山一履《むこうやまかずふみ》、御作事奉行格小姓頭取《さくじぶぎょうかくこしょうとうどり》の山高信離《やまたかのぶつら》をはじめ、医師の高松凌雲、警護役の水戸藩士七名、さらに商人として万博に参加する清水卯三郎なども含めると総勢三十三名の大使節団であった。

栄一は、この旅行のあいだ、多忙にもかかわらず、欠かさずに日記をつけていた。この日記をもとに『航西《こうせい》日記』、『巴里《ぱり》御在館日記』、『御巡国日録』を書き残している。

一月十五日、栄一たち民部公子一行が乗船していたアルヘー号が、最初に寄港したのは上海であった。

栄一たちは、そこで西洋風の街並みを目にする。それは、欧米列強国が武力にものをいわせて清国に開場させた上海の租界（中国開港都市において、外国人がその居留地区の警察・行政権を掌握した地域）と、そこにつながる港であった。

その光景を見た一行はおどろく。本格的な石造りの大邸宅がつづき、そこには電線やガス灯などの文明の利器が設置されていた。ろうそくしか知らない者にとって、ガス灯の光かがやく明かりにおどろくばかりである。

地中にガスをとおすなど想像もできないこと、ましてや電線によって音信を伝えるなどありえないこと。百聞は一見にしかず。乗船した汽船の設備にまず感心したが、ヨーロッパの地をふむまえに、上海で西洋人の科学知識のはるかに進歩していることを実地に見聞し、栄一は大いに学ばなければならないと痛感した。

一方で、上海で中国人が住む市街に行くと、道の幅はせまく、道路には石が敷いてはあるが、両側には汚い水がたまっていてとても不潔。飲食店では店先で、さまざまな肉を煮たり焼いたりしていて、何ともいえない臭いがただよう。商人やかごやが、口々に客を呼びながら群衆のなかを行きかう。このありさまに栄一はたいへん不快な思いをした。

あまりに違う世界を目のあたりにしたかれは、列強に支配されるということの現実を知る。もしかしたら、自分が帰国したときは、日本もいまの上海と同じようになっているのではないか。そんな思いを抱くのであった。

栄一は、上海でさまざまなものを見聞したが、とくにガス灯と電線に注目している。見たことのないものにおどろいたことはもちろん、どのような原理になっているのかに興味をもった。すぐに、どのように作動しているのかを通訳にたずねたであろう。

栄一は、原理や原因を理解しようとする、理詰めで考える気質をもっている。

栄一がまだ家業の見習いをしていた十六歳のころのエピソードとして、次のようなものがある。

Episode 17 修験者をやり込める

「この家には無縁仏があって、それがたたりをするのだ。たたりを清めるには、祠《ほこら》を建立《こんりゅう》するのがよい」

修験者はこういった。

姉が病気になり、その治療のために、親戚の者が修験者を連れてきて祈禱《きとう》をしてもらうということになったのである。

栄一は、このころから迷信などは一切信じなかった。

修験者の祈禱など、まったく信じられない。

何かおかしなところはないか、注意して聞いていた栄一は、すかさずこういった。

「その無縁仏が出たのは、何年前くらいのことでしょうか。祠を建てるにも、そのことがわからなければ困ります」

すると修験者はこうこたえた。

「およそ五、六十年まえくらいだ」

「五、六十年まえとは、何という年号のころでしょうか」

修験者は苦しまぎれにこうこたえる。

「それは天保三年くらいだ」

と聞いた栄一はたたみかける。

「天保三年とは、いまから二十二、三年まえのことではないですか。無縁仏のことがわかる神様が、年号くらいわからないはずはありません。こういう間違いがあるようでは、信仰などできるものではありません」

これを聞いた修験者はおこって帰ってしまったという。

栄一は、この年頃からこのように物事を理詰めで考える性質をもっていたのである。

香港からフランスへ

一月二十日、香港に到着する。ここは、イギリスの植民地となって以来、東洋屈指の貿易港として、大いに繁栄していた。ここでも商業、貨幣流通の状況などを見学し、アルヘー号の二倍の大きさのフランス郵船アンペラトリス号に乗り換える。

二十五日、サイゴン（現在のホーチミン）に入港する。フランス領だけあって同国軍艦が祝砲を打つなど、歓迎をうける。

二十九日、シンガポールに着く。二月七日にはセイロン（現在のスリランカ）に到着、そして十六日、アラビア半島の南端イギリス領のアデンに入港し、スエズに向かう。

二十一日、スエズに上陸する。スエズ運河がまだできていない時代、スエズから汽車に乗り、カイロを経由してアレクサンドリアへと向かう。

はじめての鉄道の旅である。汽車の車窓からは、はるか遠くまでテントが立ち並ぶのが見える。そして数えきれないほど多くの作業員たちがモッコを運ぶすがたが見えた。スエズ運河建設の様子である。その光景に釘づけになった。

スエズ運河は、元フランス外交官のレセップスの指導によるもので、フランスがイギリスに対抗するためにエジプトと共同で建設をしているところであった。この運河は、一八六九年十一月に開通するが、当時は完成まであと二年という状況であった。

スエズ運河によって、アフリカ大陸をまわらずにヨーロッパとアジアを海運で連結することができる。この壮大な工事が、「国家を超越した世界全人類の利益をはかる」ために行われていることに、栄一は深く感心する。

公益のために事業を行う。栄一は、後年これを実践していくのである。

二十二日、地中海に面した大都市アレクサンドリアに到着した。ここは地中海の重要な港として栄えており、在留ヨーロッパ人も多く、にぎわっていた。

この日は、港にある博物館で古代エジプト文明の数々の遺物を見学し、翌二十三日、地中海を航行し、二十六日にシチリア島に寄港。そして、いよいよ二月二十九日の朝、フランス、マルセイユに入港した。横浜を出航してから四十八日にもおよぶ長旅であった。

祝砲に歓迎され、フランス政府高官

や軍総督、市長など大勢の出迎えをうけた。一行は宿泊先のグランドホテル・ド・マルセイユに案内される。

このあと、陸軍総督や市長への表敬訪問、市街を視察したり、芝居を見物したりと、目のまわるような忙しい日を送った。そして、ツーロンに出向き、そこでは軍艦や大砲を見物し、製鉄所、溶鉱炉その他さまざまな機械を見学し、また海底にもぐる潜水技術などにおどろかされた。

三月六日、使節団一行は汽車に乗り、途中リオンで一泊し、翌朝パリへと向かう。

そして、慶応三年(一八六七)三月七日、その目的地、花の都パリに到着した。

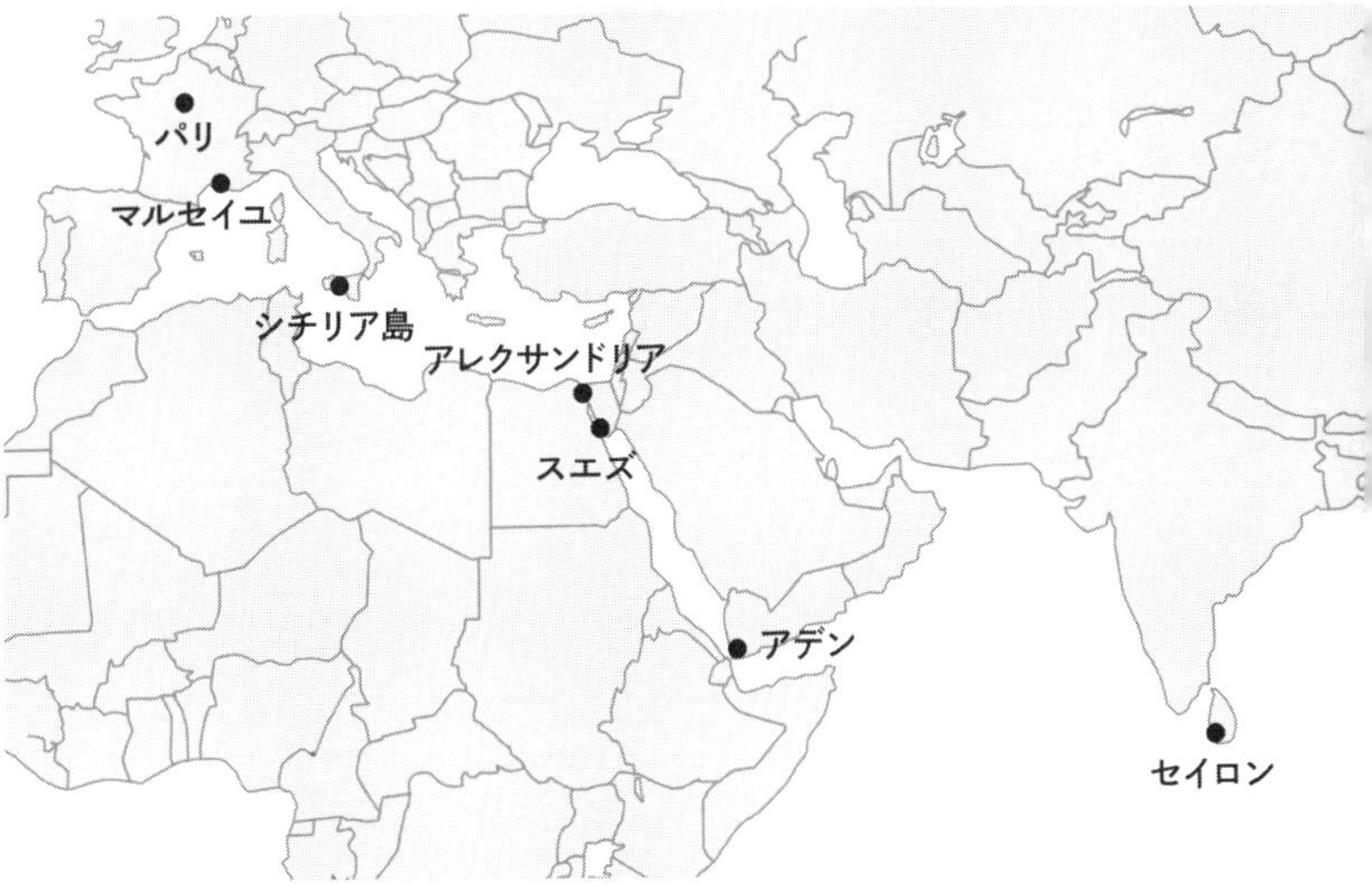

パリでの栄一

パリに到着した一行は、まずパリの中央にあるグランド・ホテルで、ようやく旅装をといた。このホテルは、パリ万国博覧会に招待する外国の国王などの賓客《ひんきゃく》をもてなすために建設された。エレベーターと風呂付きの客室を有する世界最高級ホテルである。この想像を超える超豪華ホテルに、栄一は日本との国力の違いを見せつけられた。

その後、名誉総領事のフリュリ・エラールの仲介でフランス政府と諸般の打ち合わせをし、三月二十四日、ナポレオン三世への謁見式が行われた。民部公子がナポレオン三世に謁見し、将軍徳川慶喜の公書を捧げ、これに対する返書をうけ、これで公式の儀式は終了した。

栄一は、その公式儀式の列にはくわわらなかった。というのも、儀礼に関することは外国奉行の担当だったからである。栄一は書記兼会計係のようなものである。日本への公電や信書の送付、手当の支給や日用品の買い入れなどのほか、民部公子の身の回りに関する仕事が中心であった。

当初は、儀式に関することが多かったので、それほど忙しくもなく、栄一は一日も早くフランス語をものにしようと考えた。また、ホテル代も高く不経済なので、下宿先を探し、一行のほかの二人とともに借家に引っ越し、フランス人教師を雇うことにした。毎日、教師を呼んではフランス語を習い、一カ月ほどで、半分は手まねをつかって日常生活に困らないほどまでに上達する。文明都市パリに、はやく溶け込もうとする栄一であった。

不経済だからという理由で、借家に引っ越し、教師を雇ってフランス語を勉強したという栄一。すぐれた金銭感覚をもち、合理的に考えて行動する。一橋家に仕えて短期間で改革の成果をあげてみせただけのことはある。

一方で、パリのあちらこちらを見学してまわったことはいうまでもない。

ベルサイユ宮殿、ルーブル美術館、ノートルダム寺院、演劇場など、華麗で荘厳な建物。あらゆるところに彫刻がほどこされ、ステンドグラスは光にかがやき、天井画や壁画は色鮮やかであった。

そうしたパリの光景は、日本の武士にとって想像もつかない別世界であった。

だが、何といっても知見をひろめるのに、もっとも役立ったものは博覧会であった。

それは世界の文明の縮図ともいえるものであったからである。

パリ万国博覧会の様子

パリ万国博覧会は、慶応三年（一八六七）二月二十七日（西洋暦四月一日）から開催された。

会場は、セーヌ河畔《かはん》のシャン・ド・マルス広場にもうけられ、会場を楕円形にして、それを同心円状に区切ったゾーンには、同じ系列の製品、たとえば食品なり衣料品なりを配置する。一方、楕円形を放射線状に区切ったゾーンには一つの国を配置する。こうすると、会場を同心円状にまわれば、さまざまな国の食品なり、衣料品なりを比較しながら見ることができる。反対に放射線状に歩けば、一つの国のさまざまな製品を次々と見ることができて、その国の特徴が理解できるようになっていた。

会場の半分はフランスが占めており、イギリス、プロイセン、ベルギーなどの順に出展物が多かった。東洋からの参加は日本、清国、シャム（タイ）の三カ国である。参加国からは、電子通信機器やエレベーター、蒸気動力による機械、最新兵器、医療器具、服飾品などさまざまな最先端の物品が出品されていた。

栄一は、蒸気機関、耕作機械、紡績機械、各国通貨、医師道具、測量器、電気仕掛けで図面を模出する機器などに大いに興味をもったようである。

日本からは、幕府のほかに薩摩藩と佐賀藩が参加していたが、陶器や漆器、金細工、蒔絵、浮世絵、和紙などを出品していた。これらの展示品は、日本の美と気品にあふれ、はじめて目にするヨーロッパ人たちに大きな反響を呼んだ。

五月二十九日（西洋暦七月一日）、パリ万博に出展した品々への褒章《ほうしょう》授与式があった。日本の出品物は多くの賞を得ることができ、皇帝からメダルと賞状が民部公子に授与された。

また、パリ万博に出展した商人に清水卯三郎がいた。清水は、文政十二年（一八二九）、羽生領町場村（現在の埼玉県羽生市）で酒造業を営む家に生まれた。横浜に出て英語を学び、その才を生かして、薩英戦争では英国側の通訳として大いに活躍する。

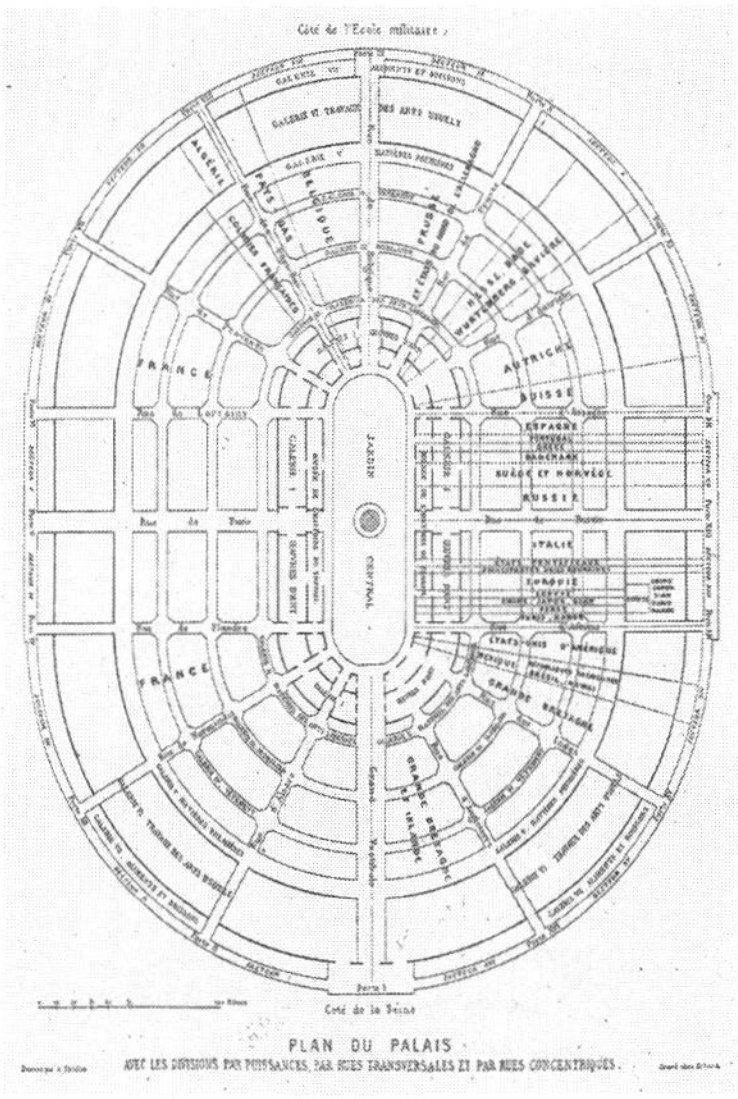

パリ万博メイン会場図面
(国立国会図書館ウェブサイトより)

その清水は、幕府から資金を借りてパリ万博に出展した。日本伝統の数奇屋造りの茶屋をつくり、江戸柳橋の若い芸者三人がお茶や日本酒でもてなしをした。これが大評判となり、地元の新聞でも取り上げられた。新聞の内容は次のようなものであった。

いま、日本の家屋は博覧会中もっとも珍しいものである。すべての日本家屋はこんなものだというわけではないが、小商人《こあきんど》の住宅および茶店の形をしめしたものである。家は二つに区画され、なかに廊下をもうけ、入口のほうは飯台をもうけて茶や酒を客に提供している。奥のほうには三人の少女、おすみ、おかね、おさと、というものがいる。独楽のようなものをもてあそび、またキセルをもってタバコをふかしてときをすごしているようである。

パリ万博会場全景
（国立国会図書館ウェブサイトより）

この茶屋の芸者を一目見ようと、連日、大勢の見物人が押しよせた。

政争がパリで再現

民部公子一行のフランス使節団は、万国博覧会への賛同と参加、日仏の親善が直接的な目的ではあった。だが、単にそれだけでの意味で行われたわけではなかった。

幕末の日本は開港をせまられるという情勢にあって、利害関係においてもっとも大きく対立していたのは、イギリスとフランスであった。その対立は、フランスの幕府支持、イギリスの薩長支持となって現われた。

フランスと幕府との関係が親密さをくわえていくとともに、イギリスの薩長に対する関係も進行していく。

万国博覧会の開催にあたって、ロッシュ公使の幕府に対する出品の勧誘があり、幕府は慶喜の弟の民部公子昭武を派遣するとともに、各藩へも出品を呼びかけた。このさい、薩摩は、幕府と関係なく出品することになり、日本国内の政争はパリで再現されることになったのである。

幕府が各藩に万国博覧会への出品を呼びかけたさいに、その呼びかけに応じたのはわずかに佐賀藩と薩摩藩だけであった。佐賀藩が進んで参加を表明したのは、有田焼などの陶磁器が長崎・オランダ経由でヨーロッパに広く輸出されて、藩の財政をうるおしていたこともあって、海外貿易のメリットがよくわかっていたからである。

一方、薩摩藩の万博の参加動機は、きわめて政治的なものであった。もちろん、薩摩藩は琉球王国を介しての海外貿易を行っており、そのうまみを知っていたし、薩摩切子をはじめとする海外にも通用する特産品もあったので、万博に参加するのはある意味当然である。しかし、本当のところ薩摩は、欧米各国の元首や国王が招待されるパリ万国博覧会で、幕府と対等であることをしめそうと考えていたのである。

薩摩藩は、パリでも幕府ともめごとを起こすのだが、その裏にはフランスの貴族、モンブラン伯爵がいた。

モンブランは、以前に外国奉行の柴田剛中《たけなか》らがパリに来たときに、世話をするなどして柴田に近寄っていった。だが、柴田はモンブランの悪い評判を聞いて近づこうとしなかった。

この対応に不満を抱いたのか、モンブランは今度は薩摩と手を組もうとする。薩摩藩のイギリス留学生の五代友厚《ごだいともあつ》らと接触する。五代と親交を結んで、薩摩の反幕運動に積極的に加担するようになるのであった。

そして、モンブランはパリ万博における同藩の代理人として暗躍するのである。

佐賀藩では、幕府の出品の一部として、展示品を出品していたので問題はなかったが、薩摩藩の場合は違った。幕府の博覧会の計画では、事前に出品目録を提出し、江戸に品物をもち出し、点検をしてから出すことになっていたのに、薩摩藩は幕府を無視して二百五十箱を勝手に上海に送ってしまったのである。残りの二百五十六箱についても、幕府の催促にしたがわず、結局、フランスの長崎領事があいだに入り、領事が自分で点検してフランスに送るということになった。

さらに、出展の品がパリに着いて、会場に運び込まれる段階になると、幕府側の責任者たちは致命的ともいえる大きなトラブルを抱え込むことになるのである。

薩摩藩の家老岩下方平《みちひら》を全権大使とする十二人の使節団は、ひそかにイギリス船で日本を出発し、民部公子一行よりも二カ月も早い慶応三年（一八六七）一月二日にパリに着いていた。二月二十七日の博覧会開場式には、岩下が琉球国王の使節として出席した。展示場では島津の家紋をかかげ、薩摩琉球国として琉球の名義の下に独立国のような体裁で、薩摩や琉球の特産物などを展示した。

幕府はこれを看過《かんか》することはできない。琉球王国の博覧会委員長としてのモンブラン伯爵が、外国奉行の向山と面会したのは三月十六日のことである。向山や外国奉行支配組頭の田辺らは、モンブランの職名や薩摩藩の展示形式に関してきびしく詰問した。だがモンブランもはげしく反発する。

翌十七日、日本出品取扱委員長のレセップスの自宅で、フランス外務省の役人らを交えた両者による会議が行われた。田辺は、薩摩藩は幕府の支配下にあり、琉球は同藩の所領にすぎず、独立国ではないと主張した。しかし、薩摩から全権を委任されたモンブランは、琉球としての参加であるとして承知せず、はげしい論戦がつづいた。

ナポレオン三世による博覧会視察が明日にせまっていた。レセップスの必死の調整で、幕府は「日本大君政府」、薩摩は「薩摩太守政府」とし、ともに日の丸をかかげることにした。

幕府は、「薩摩政府」という偽名を到底許すことはできない。責任を問われた向山と田辺は、帰国を命じられる。かわって、急遽《きゅうきょ》、幕府随一のフランス通である外国奉行の栗本鋤雲《じょうん》がパリに派遣された。

日本国内の政争がパリで再現され、日本の統治体制などに関する新聞記事が、フランスなどヨーロッパ各国で報道された。

パリ万国博覧会での日本の出展品や、日本の生活習慣などが人々の話題となった。

遠い極東の国である日本が、思いがけなくヨーロッパ人の関心を引くことになったのである。

栄一のヨーロッパでの師

ここで触れておかなければならない大事なことがある。それは、当時幕府から嘱託されて名誉総領事の任にあった、銀行家のフリュリ・エラールのことである。というのも、かれが栄一のヨーロッパの師、資本主義の家庭教師ともいうべき重要人物だからである。

栄一は、銀行家であるエラールから銀行のしくみや業務内容、株式会社の設立や会社組織などを学んだ。また、貨幣制度や株式、債券などの有価証券、為替のしくみなど、その現場を見ながら経済や金融などに関する知識を習得していった。

実際に、栄一はためていた予備資金を現金でもっているよりも公債を買ったほうが有利だとエラールにすすめられ、フランス公債を購入した。その後、鉄道会社の株が有利だといわれ、公債を売って、株を購入した。母国の都合で、急に帰国することになったが、結構な金額がもうかったという。

栄一は、パリで経済の原理を実地に体験して学んだのである。株式や公債を適切に買って売れば、その所有者は利益を得ることができる。そして、株式や債券の売買益というものがあればこそ、株式や債券が活発に流通する。さまざまな人がそれぞれの資本に応じて株式や公債を買い、みながリスクを背負いながら、オープンなルールのもとに利益の追求を行うというシステムである。さらには、個人による株式や公債の売買による利益の追求が、最終的には大きな資本となって社会や国家全体の経済の発展を支えることになる。栄一は、このように経済の本質を理解したのである。

また、ヨーロッパでは、個人や銀行からの出資によって会社が設立され、運営されている。労働者は賃金を得て生計を立てている。そして政府は、税収によって成り立っている。会社が利益を追求することによって、個人の生活を豊かにするとともに、国家の繁栄も推進する。

こういった近代資本主義社会のすがたを実際に目で見て、耳で聞いて学んでいったのである。

これらを学んだ栄一は、のちに銀行などの金融機関をもうけて、数多くの会社をつくっていくことになるのであった。

フランス滞在中の栄一に、さらに大きな影響をあたえたことがある。それは、社会における人間関係、とくに「官」と「民」の関係であった。

民部公子の教育係である軍人のヴィレットと、銀行家のエラールの対等でフランクな関係に、栄一はたいへんおどろいた。日本では、「士」と「商」の身分格差は決定的なものである。だが、この二人のフランス人には、まったく身分の上下の意識がなかった。

いいかたを換えると、軍人のヴィレットは「官」、銀行家のエラールは「民」、この「官」と「民」の対等な関係は、十七歳のときの岡部藩の陣屋での屈辱的な事件を忘れなかった栄一にとっての理想であった。

国民全体が平等である社会、これぞ本来の社会のすがた。これまでの日本はそうではなかった。この社会を日本でも実現したい。とくに商工業界を発展させるためには、根強く残る「官尊民卑《かんそんみんぴ》」の旧《ふる》い習慣を打破することが必要。これこそが、自分の大きな使命であると自覚していくのである。

また、これとほぼ同時期に、正反対の実例を見るような体験として、次のようなエピソードがある。

Episode 18

値下げの交渉をしない武士

「Combien coûte le loyer?」

「Le loyer est de ××× francs par mois」

という会話を聞いていた栄一。意味が理解できなかった。

民部公子一行が、無事、皇帝への謁見式や万国博覧会への参加儀式を終え、パリ長期滞在のための借家を探しはじめたときのことである。

閑静な街区に、ロシア人が所有する適当な賃貸住宅があるというので、栄一が通訳の山内文次郎を連れて下見に行くことになった。

そのときに家賃やその他の交渉となった。

「家賃はいくらだといっているのだ」

栄一はたずねる。

「家賃は月に×××フランだといっています」

山内がこたえた。

「それは少し高すぎる。もっと値下げをするよう交渉してくれぬか」

栄一がこういうと、山内はこうこたえた。

「そんな失礼なこと話せるものですか」

「いや、貸借の問題は、商取引と同じようなものだ。家賃の値下げを交渉することは、決して失礼なことではない」

「いいえ、値下げ交渉などできません」

栄一は値下げ交渉をするよう力説したが、山内はかたくなに承知しない。

山内は当時の武士らしい反応を見せたのである。

栄一は、先方に直接自分の意見を思うように伝えることができない。腹が立ったが、外国人のまえで口論するわけにもいかず、あとで返事をするということでお茶をにごした。

翌日、留学中の学生にたのんで通訳をしてもらい、何とか対応することができたのであった。

このできごとは、金銭を軽蔑する武士のすがたを目の当たりにするものであった。

日本とフランスとでは金銭道徳があまりにも違う。

自分の職務であっても、金銭交渉に関することは口にするのが嫌だという日本の武士階級。

金銭をあつかう銀行家に対して、まったく対等に接する軍人のヴィレット。

この違いも栄一に大きな影響をあたえたのである。

Episode 19
卓越した調停力を見せる栄一

「みなを引き連れて各国をめぐるわけにはいかないので、お供を二人だけにしたい。あとの者は、パリにとどまって勉学にはげんでもらいたい」

御傅役《おもりやく》の山高がこう話した。

民部公子は、八月からスイス、オランダ、ベルギー、イタリア、イギリス、ドイツ、ロシアの七カ国を訪問することになっていた。

だが、いよいよ出発という段になって、お供の人数が多すぎるということになった。

大勢での随行は仰々《ぎょうぎょう》しく、まげを結って大小の刀をさしたすがたは外国人の目から見ると異様に映る。

経費の面からも歴訪メンバーの人数を絞り込まなければならない。

問題は水戸藩士七人の処遇である。

「何をいうか。われらは夷狄《いてき》の学問をするためにフランスにやって来たのではない。どこまでも民部公子のお供をするのがわれらの役目である。われら一同でなければお役目を果たせない。それができぬというなら、民部公子を一歩たりとも外へお出しはせぬ」

というように水戸藩士はたいへんな剣幕で山高の命令をはねつける。

山高は大いに困惑し、何人かの者と相談してみたが、妙案はうかばない。

そこで、ついに「渋沢に」ということになった。

栄一は、外国奉行の詰所に行って相談をうける。事情を聞いた栄一はこういう。

「山高殿の職権でかれらに帰国を申しつけられるのがよろしいかと考えます」

「なるほど、そうすれば一も二もなく片づくが、しかしさようなことを申し出たら、どんなことをすることか」

「もし乱暴を働いたら、取り押さえるまでのことではありませんか。そんなことになれば、なおさら帰国命令の名目が立ちます。帰国を命じられたら、私がかれらに同行して日本まで送り帰します。ところで、何人までのお供なら許すおつもりですか」

「三人は連れて行こうと思っているのだ」

「それなら、さほど面倒なことはなく、きっと相談がまとまるでしょう」

「そうか、それでは無事に承諾するよう説得をたのむ」

こうして栄一は水戸藩士を説得することになる。

「これほど説明しても命にしたがえないとすれば、全員帰国するしかあるまい。責任上、私が同行して方々と一緒に帰国することとしよう」

「いまとなって、いたずらに帰国するというのは残念なことである」

藩士のひとりがこういう。

「帰国が残念というのであれば、命令にしたがうしかあるまい」

栄一がこういうと、その後も議論はつづき、藩士のなかでも意見がわかれて、なかなか結論が出ない。

そして、頃合いを見はからって、栄一はこう切り出す。

「それでは、民部公子の歴訪は、何回かにわけて行くので、一回に三人ずつ、交代で随行してはどうか。そうすれば藩士の方々は、一度は公子と外国を視察することになり、お役目を果たせるではないか。三人ずつであれば、奉行も許すことと思う。そうすれば、方々も帰国せずにすむ。こう決められたらどうであろう」

こうして、一同もようやく同意するのであった。

見事な交渉力と説得力で問題を解決した栄一。このできごとは栄一の調停能力の高さを物語っているといえよう。

ヨーロッパ歴訪

栄一の調停のおかげで、和解は成立し、民部公子はヨーロッパ各国への歴訪に向かう。

八月の初旬、スイスへ向かう。スイスでは、民兵による軍事演習や最新の武器貯蔵庫、時計工場や絹織物工場、金銀の細工工場などを見学した。

その後、一行はオランダをおとずれた。オランダは江戸時代に貿易が許された国だけに、国王や大勢の市民から歓迎をうけた。オランダでは、ダイヤモンドの研磨工場、軍艦や海軍施設、鉄砲製造所などを見学した。

それから一行はベルギーのブリュッセルに着いた。ベルギーでも盛大な歓迎をうけ、国王レオポルド二世に拝謁をした。ベルギーは小国ながら、ヨーロッパ屈指の工業国で、鉄や石炭などの鉱物に恵まれていた。製鉄所や兵器工場、ガラス工場などを視察した。

そして一行は、九月中旬にいったんパリに帰った。その後、またイタリアへ旅立つ。イタリアでは議政堂や石細工所、名所旧跡を見学した。

イタリアからパリに帰り、さらに十一月六日にイギリスへ向かった。イギリスでは、政府関係者や留学生らの多くの人が出迎えてくれた。ここでは、国会議事堂やウィンザー城、大英博物館などを見学した。なかでも栄一はイングランド銀行に強い関心をもったようである。

イングランド銀行では、政府の両替所、地金積置場、紙幣製作所などを見学した。後年、日本の銀行業の創始者となる栄一は、そこで世界の金融の心臓部に接したのであった。

こうして、五カ国の訪問が終わり、十一月下旬にふたたびパリに帰った。

このヨーロッパ歴訪の様子も、細かなところまで日記に書きとめている。その強い知識欲と、深い観察力にはおどろくばかりである。ヨーロッパの列強で見聞したことを吸収しようという強い意欲がうかがえる。

ベルギーで国王レオポルド二世に拝謁をしたが、晩餐会でのエピソードとして次のようなものがある。

Episode 20 自国製品を売り込む国王

「まだお若いのに日本からはるばるヨーロッパまでよくいらっしゃいました。ところで、わがベルギーを視察されていかがでしたか」

晩餐会の席で、ベルギー国王レオポルド二世は、民部公子にこう話しかけた。

「国内各所でいろいろと拝見しましたが、とくに工業都市・リエージュの製鉄工場は設備がすばらしく、また規模が広大であることにたいへんおどろきました」

「その若さで、工場の視察などをされるとは、将来、大いに有望です」

国王は満足した様子でこうつづける。

「外国を訪問されるさいは、その国の産業を視察することがもっとも大事なことです。なかでも、これからの世界は鉄です。ですから製鉄の事業がさかんな国はかならず富み栄えると信じています。

日本を強く、かつ富める国にするには、鉄を多くつかう国としなければなりません。幸いあなたは、将来日本において重要な地位につくかたですから、この点をよくご記憶されるとよろしいでしょう。

なお、日本が将来鉄を多くつかうようになったら、生産が豊富で、品質が良好なわが国の鉄をぜひつかっていただきたい」

民部公子の横でこれを聞いた栄一は、非常におどろいた。

(一国の国王が、自国の鉄を売り込むとは!)

栄一は、国王のいわれることにまったく同感であり、その態度にも大いに感心した。

将軍が、日本の生糸を外国人に売り込むことなど絶対にありえない。

だが、ベルギーでは国王が率先して産業の育成と製品の売り込みを行っている。

近代社会では、鉄は国家なり。小国のベルギーは、鉄の生産・販売に力を入れ、外貨を獲得し、国力を富ませていた。

こういった経験を積んだ栄一は、のちに日本初の官営工場である富岡製糸場を建設するなど、外貨の獲得に尽力するのであった。

徳川幕府の瓦解

さて、十一月末、各国歴訪も終わり、パリに帰ってきた民部公子は、本格的な留学生活を送ることになる。また、ドイツとロシアの歴訪は、日本からの送金がいつまでつづくかわからず、取りやめることにした。

公子の修学課程は、毎朝七時に乗馬の稽古に行き、九時に戻り、朝食をすますと、九時半に教師が来る。留学といっても、学校へ通うわけではなく、教師が自宅に来て教えるというかたちである。午後三時までは語学や文法などの学習をする。三時に課程が終了すると、翌日の予習、作文などをするというもので、自由につかえる時間はあまりなかった。

栄一は、そのあいだに日本への書状を書くとか、日記を記録するとか、その他の雑用の一切を引きうけていたので多忙であった。

そして、一、二カ月が経ち、幕府の命令によって山高は御傅役《おもりやく》を免職され、山高の任務も兼ねるようになり、公子に関する事務官は栄一の専任となった。さらに付き添いの者のなかにも病気のため帰国した者がいたため、まわりの者の人数も次第に少なくなっていき、栄一の多忙さには拍車がかかっていく。

こうしてパリで民部公子が学習をはじめた慶応三年(一八六七)の末、日本では史上最大の大変革が行われつつあった。はるかかなたのフランスにもその報道は伝わった。

この年の十月、京都において将軍が政権を返上。この大事件が新聞に出てから、さまざまな事件が続々と掲載されたが、だれもがこの報道をはじめは信じなかった。外国奉行や公子の教育係であるヴィレットでさえ、事実無根のうわさであると思った。

だが、栄一ひとりは違った。かれは、討幕の志士として立とうとしたときから、すでにこの日が来ることを予想していた。慶喜が一橋家から将軍になったときも、これに強く反対していたほどだったので、幕府の瓦解《がかい》のニュースに接したとき、すぐに事実だと判断した。

翌年一月には、日本からおいおい知らせが届いた。大政奉還のこと、薩長と幕府の情勢などが明らかになり、このうえはさらに急変を見ることになるだろうと憂慮していた。

そのうち、三、四月ごろになると、正月はじめに起こった鳥羽伏見の戦い、将軍の大坂城立ち退き、謹慎、恭順、水戸隠退などの知らせがつづいた。

これらの知らせを聞いた民部公子一行は深い憂慮のなかにいた。まだ若い公子にとって、将来への不安はたいへん大きなものであったろう。

帰国の途につく一行

いよいよ幕府の瓦解が明らかになったうえは、公子の留学に関する今後の方針が問題となった。われわれは、これからどうすべきなのか。栄一は、エラールやヴィレットらと相談した。栄一は、内戦状態にある日本に帰るよりも、できる限り留学をつづけて勉学にはげむべきだと主張した。ヴィレットもしばらくは様子を見たほうがよいとして、早急な帰国に反対した。

留学をつづけることにしたが、そのためには経費を節減しなければならない。そこで、相談のうえ、最小限の人数だけを残し、数名を帰国させることにした。住居も手軽な貸家に移った。そして、留学をつづける費用は、毎月の留学予算から栄一が天引きしてためておいた予備資金二万フランをあてることにした。エラールのすすめで公債と鉄道株に投資したあの資金である。

さらに、念のため郷里の父に手紙を出して、送金してくれるよう願った。

こうして、留学継続の準備をしたが、まもなく水戸藩主の徳川慶篤《よしあつ》が死去し、民部公子が相続することに決まったという知らせが届いた。先に帰国した付き添いの二人がパリまで向かいに来るという。

ここにおいて、留学の希望は消え、もう帰国するしかなかった。やむなく、帰国の支度にとりかかった。

一行がパリをあとにし、マルセイユを出航したのは九月四日である。前年の二月二十九日にこの港町に着いてから約一年六カ月のフランス滞在であった。この滞欧での体験は栄一に大きな収穫をもたらした。その価値は、その後のかれの活動を通じて証明されることになる。

マルセイユからは、ほぼ往路と逆の行程で帰路につく。栄一は、日本に近づくにつれ、寄港地で日本の様子を耳にする。

香港では、奥羽諸藩が新政府軍に抵抗して戦うが、会津城が落城したこと、幕臣の榎本武揚《えのもとたけあき》が海軍を率いて箱館に向かったことを知る。

上海に着く。ここでは銃の買い入れに来ていた会津藩士・長野慶次郎と同藩の軍事顧問の貿易商スネールが宿泊していた。長野は栄一と面識があったので、民部公子が上海に到着したことを聞くと、かれはスネールとともに栄一をたずねてきた。長野は、民部公子を幕府軍の拠点である箱館へお連れし、榎本海軍の首領として奉《たてまつ》りたいと願い出る。だが、栄一は断固これを拒絶する。新政府や水戸藩からの帰国命令による帰途であり、公子を危険な箱館にお連れすることはできないとこたえた。

こうして民部公子や栄一らを乗せた船が横浜に入港したのは、明治元年（一八六八）十一月三日のことであった。

―すぐれた経済感覚―

ホテル暮らしが不経済だからという理由で、借家に引っ越し、節約をする。

また、毎月の留学予算から天引きして予備資金をためておく。この資金をエラールのすすめで公債と鉄道株に投資をする。

こうしたところに栄一のすぐれた**経済感覚**、研ぎ澄まされた**金銭感覚**がうかがえる。

幼いころからの藍の商売で育まれた感覚、それが一橋家で改革に取り組んだ経験などによってみがかれていったのであろう。

そして、その根本には「**数**」に対する強い意識がある。

「企業家において、まず第一に心すべきは、数の観念である。
最も綿密に成算し、右から見ても左から見ても、
間違いがないようでなければならない」

『渋沢栄一訓言集』（実業と経済）

実業家としては「数」について十分に気を配って注意しなければならない。数字にこだわり、成功する見込みを綿密に計算し、どこから見ても間違いないように正確を期する。

ビジネスにおいて数字はとても重要な意味をもつ。こうした姿勢に学ぶべきであろう。

―実地体験で学ぶ―

栄一は、パリで金融・経済を**実地体験**で学んだ。

現場を見ながら、金融や経済などに関する知識を吸収していったのである。

そして実際に、株式や公債を購入し、それを売却し利益を得ている。机上だけではなく、実際に売買することによって、金融のしくみ、経済の本質をより深く理解していったのである。

また、ヨーロッパでは、個人や銀行からの出資によって会社が成立され、運営されていることを知る。労働者は賃金を得て生計を立てている。そして政府は、税収によって成り立っている。

こういった近代資本主義社会のすがたを実際に**目で見て、耳で聞いて**学んでいった。

「**学問とは読書ばかりを言うのではない。**
実際の事物に当たりて事を処理するのが学問の本義である」
『渋沢栄一訓言集』（学問と教育）

実際に体験をする。実践をとおして学ぶことの大切さを説いている。
自ら体験することによって、その本質を深く理解することができ、自分自身のものとすることができるのである。

―抜群の交渉力―

水戸藩士とのもめごとにおいて、**抜群の交渉力**と**説得力**によって頑固な相手を納得させ、問題を解決した栄一。
人を動かす**見事な交渉力**は、藍の商売の見習いのころから培われてきたものであろう。かれは、その当時からすでに交渉にたけていた。

それがさらに、あの平岡のもとで影響をうけながら、また兵士募集の経験などをとおして、より卓越したものになっていったと考えられる。

「**多人数寄り集っ**ているところで**話す**ばあいと、**個人**と**膝**を**交**えて**話**すばあいとの**間**には、おのずから**差別**を**設**けねばならない」

『**渋沢栄一訓言集**』(**処事と接物**)

「**理論**のあまり**徹底**し**過**ぎたことは、これをそのまま**思慮**の**乏**しい**人**に**語**れば、かえってその**人**を**惑**わして、ために**後悔**せしむることがある。これ**余**の**往々実験**せるところである。ゆえに**談話**は**相手**を**見**て、**加減**せねばならない」

『**渋沢栄一訓言集**』(**処事と接物**)

話をするさいには、相手の人数によって話しかたなどをかえなければならない。また、話す相手によって、話の内容を加減する。つまり、相手に合わせた話をする。こうした話しかたに関する注意が、相手を納得させる、人を動かす**交渉力・説得力**につながっているのであろう。

―強い知識欲と深い観察力―

ヨーロッパの列強で見聞した近代文明を吸収しようという、その**強い知識欲**と**深い観察力**にはおどろくばかりである。

当時、外国で新しい事物にふれた人が、みな栄一のようであったわけではない。栄一には、「知らないことを知りたい」という強い意欲、貪欲なまでの**知識欲**があった。また、漠然と見るのではなく、どのような原理、どのようなしくみなのかを**深く観察**した。

そうした**知識欲**と**観察力**があったからこそ、ヨーロッパの近代文明をより深く理解し、また吸収することができたのであろう。

学ぶべきことである。

第五章　実践

「総じて世の中の事は、
心のままにならぬことが多い。
忍耐を専一として撓《たわ》まず、折れず、間断なく進むときは、
意志次第に強固になりて、
心を擾《みだ》さるるがごときなきに至るものである」

『渋沢栄一訓言集』（立志と修養）

「すべての事は、
思うと同時に行わねばならない。
思う前にまず学ばなければならない」

『渋沢栄一訓言集』（学問と教育）

すべてのことは、思うと同時に実践・実行していかなければならない。そして、思うまえにまず学ばなければならない。つまり、学び、思い、それを実践していくことが大事なのである。

フランスをはじめ、ヨーロッパ各地で見聞をひろめてきた栄一。学び得た知識を次々に実践していく。静岡の地で、また大蔵官僚となって活躍するのであった。

Episode 21

父との再会を果たす

「お前の将来の身の振りかたについて、一応聞いておきたい。これから先はどのようにしていく覚悟なのか」

しばらくぶりの父との面会。

日本に戻ってきた栄一は、今後の身の振りかたを父に問われた。

「いまから箱館に行って兵にくわわるつもりはありません。これからは慶喜公が隠棲《いんせい》されている静岡に移住して、商売なり農業なりをして、慶喜公の前途をお見守りして生涯を送ろうと考えております」

あふれ出る涙をこらえながら栄一はこういった。

息子のことを心配していた父も、やや安心した様子でこういう。

「海外の地にいるあいだに、日本がこうもかわったのだから、帰国についても困窮したであろう。今後も身が定まるまでは衣食に困ることもあるかもしれない。ここに少しばかりお金をもってきた。つかってくれ」

父の慈愛に満ちた言葉が、いよいよ栄一の胸にしみいる。

「まことにありがとうございます。いま私の身のうえは窮乏というほどではありません。じつは京都において一橋家に仕えていたときから、倹約を心がけ、わずかですが余財があります。フランス滞在中も毎月の給料からは衣服をつくるだけで、あとはつとめて倹約しましたから、しばらくは生活に困ることはありません」

「だが、フランスから送金してほしいとの手紙があったが」

「先ごろフランスから手紙で送金のことをお願いしましたのは、公子を一日でも長く留学させるためには、費用が少し不足するのではないかと心配したからでした。そのことも、もはや過去のことになりました。ですから、いまは何の必要もありません」

これを聞いた父は、すっかり安心したのであった。

渋沢栄一の生涯
――大蔵省の官僚へ――

帰国した栄一

明治元年（一八六八）十一月三日、栄一らは横浜に着いた。帰港のさいは、旅立ったときとはまったくかわった状況であった。取締りの役人から身分の確認や所持品を調べられるなど、予想はしていても、きわめて不愉快であった。また、今後の先行きも困難に感じられた。

上陸すると、使節団の杉浦譲らが出迎えてくれて、杉浦が親切に世話をしてくれた。民部公子は水戸藩から迎えが来ていたので、まっすぐに小石川の水戸藩邸に向かった。栄一は、荷物のうけ取りなどの雑務があったので横浜に泊まり、久しぶりに日本食をとりながら、杉浦や友人たちから留守中の日本の激動についていて話を聞いた。

箱館の様子を聞いてみると、従兄の喜作も箱館に行っているとのことであった。箱館での立て籠《こ》もりは、そのものが無謀な策。旧幕府軍の挽回は到底無理だと思われた。そこで、栄一はさっそく思うところを書状にしたため、箱館に行くという友人に渡して、喜作の手に渡るようたのんだ。

それから、荷物の取り扱い、その他の雑用をすませると、東京に出た。そこは、すでに江戸から東京にかわっていたのみならず、あまりのかわりようは予想以上であった。

東京で知り合いの消息をたずねると、横浜の焼き討ちをねらって高崎城の乗っ取りをくわだてたときの同志たちの末路は、いずれも悲惨きわまりないものであった。

尾高長七郎は、幸い出獄したはいいが、静養中に錯乱の発作で亡くなったという。長七郎のあまりに悲運な人生に涙した。かれが命をはって討幕計画に反対してくれていなければ、間違いなく殺されていた。また、長七郎が人を斬らず、栄一の手紙をもっていなければ、一橋家に仕官することもなかった。

長七郎の弟の平九郎は、栄一がフランスに行くにあたって見立《みた》て養子としていた。その平九郎は、実兄の尾高惇忠や喜作などとともに幕府軍に従軍して、飯能近くの黒山というところで戦死していた。

尾高惇忠は無事帰郷したが、喜作はすでに触れたように榎本が率いる旧幕府軍にくわわって箱館におり、生死不明だという。

栄一は、見ること聞くことすべてに深い悲しみを抱く。この状況にため息しか出なかった。

とりあえずは父母や妻子に再会しようと手紙を送り、帰郷の準備を進めていたところ、父の市郎右衛門が江戸まで息子に会いに来た。父はまず息子が帰国したことをよろこびながら、この先の身の振りかたをたずねた。

栄一のこたえに安心した父は、帰郷した。その三日後、栄一も帰郷し、久々に母や妻子にも面会した。だが、三日滞在しただけでまた東京に戻った。

というのも、東京でやるべきことが残っていたからだ。それは使節団の経費の精算である。栄一は、八千両で最新式の鉄砲を購入し、民部公子が水戸へ行くときの土産とし、残りは静岡藩に渡すことにした。栄一は、費用の明細をすべて記帳し、帰国時に金を残しているが、こうしたことはこれまでの使節団ではなかったことだという。

このことからも栄一が財務にすぐれ、また律儀な性格であることを物語っているといえるであろう。

Episode 22

慶喜の態度に感服する

「こんな情けないおすがたを拝するとは……何と申し上げてよろしいのか」

しばらく何もいえなかった栄一は、思わずこう口走ってしまった。

訪欧前、京都で慶喜に拝謁したのは、わずか二年前。

それが、いまは小さな寺院のせまくうす暗い部屋に慶喜がすわっている。

そこは、畳なども粗末でうす汚れていた。

あまりの主君のかわりように、しばらく何もいえず、口をひらくと愚痴《ぐち》めいたことしか発することができなかった。

ところが、慶喜はまったく気にする様子もなく、こういう。

「今日はそんな愚痴を聞くために会ったわけではない。そちが民部のことで、フランス滞在中の報告に来たというから、それで会うといっておいたはずだ」

栄一は、この平然とした態度におどろいたが、同時に主君の身を顧みずに心ないことをいってしまったとも思った。

そして、栄一は、ヨーロッパでの民部公子の活躍ぶりを報告した。

すると、慶喜はそれを興味深く聞き、満足した様子でこういった。

「民部が無事帰朝できたのも、そちのおかげぞ」

感慨深い思いで退室した栄一。

栄一は慶喜に接してこう思った。

「将軍から急転直下、蟄居《ちっきょ》の身になったのだから、自分が同情的なことを申し上げたら、たいていはあいづちぐらい打ちそうなもの。だが、あいづちどころか、かえって自分の愚痴をとめられた。これは、凡人にはできないことだ」

栄一は、慶喜の毅然《きぜん》とした態度に深く感服したのであった。

栄一、静岡に行く

栄一は、すでに静岡に行くことを決めていたが、選択肢がもう一つあった。それはフランス滞在中に終始お守り役をつとめた民部公子の水戸藩の藩士となるというものだ。公子と栄一の関係は、きわめて親密になっていた。民部公子は、帰りの船中から、「水戸藩の藩主となるが、本当にたよりとする者はいない。騒動の多い藩だから先が思いやられる。日本に帰ったら、水戸に来て、ぜひ相談相手になってくれ」といってそばに引きとめようとしていた。

民部公子の気持ちは痛いほどよくわかった。だが、その意にしたがう場合でも、主君の慶喜の意思を確認する必要がある。

そこで、静岡に行って前将軍に留学中の報告をしたうえで決めるということにして静岡に向かった。そのさいに、民部公子から託された慶喜あての書状を持参した。民部公子がこれを栄一に手渡したのは、その返事をもらってくるという口実で、栄一を水戸に迎えようとしたのである。

明治元年(一八六八)十二月二十日、栄一は静岡に着いた。徳川家が静岡藩に移され、藩政の実権は中老職の大久保一翁《いちおう》が掌握していた。

大久保一翁
(国立国会図書館ウェブサイトより)

栄一は大久保に面会し、慶喜に拝謁してパリ万国博覧会や外国訪問における民部公子の活躍ぶりを報告したいと願い出た。また、民部公子からの書状を慶喜に渡すよう依頼した。

当時、慶喜は宝台院という小さな寺院に謹慎中であったが、そこで会うから出頭せよという通知があった。二十三日、栄一は宝台院をたずねた。謹慎中の慶喜は、旧幕臣とはほとんど会っていないという。しかしヨーロッパにおける民部公子に関する報告であったため拝謁が許されたのである。

Episode 23

勘定組頭を命じられる

「勘定組頭を命ずる」

栄一に辞令書が渡された。

民部公子の書状への沙汰は、待てど暮らせどいっこうになかった。

拝謁してから四日目。藩庁から呼びされ、勘定所へ行けといわれる。

勘定所では、礼服を着てくるようにいわれ、あわてて礼服を借りて、中老の詰所に行くと、意外にも勘定組頭の辞令書が渡されたのである。

これに栄一は猛反発する。

「わたしがここに来たのは民部公子のご書状を持参して、慶喜公の返書をもらってくるためです。ところがそれについての沙汰はまったくなく、いきなり勘定組頭を仰せつかっても迷惑しごく。おうけできませぬ」

この栄一の剣幕におそれをなした勘定組の平岡準蔵は、中老の大久保にうかがいをたて、あらためて大久保の口上を伝えた。

「水戸への返書は、別に手紙を遣《つか》わすので、民部公子に復命するにおよばない。それよりも藩庁でみとめたことなのだから、すみやかにおうけするように」

「私はおうけすることはできませんから、これで失礼します」

栄一は、怒りのあまり辞令書を投げ出し、旅館に帰ってしまった。

その夜、平岡のつかいが来て、直接、大久保が話をするからと伝えられ、翌日、大久保と会う。

「そなたの立腹はもっともなことだが、これは上さまからの御内意だ。返書は追ってこちらから返事を差し出すから、渋沢を遣《つか》わすにはおよばないといわれたのだ」

「どうしてそのようなことを……」

「渋沢については、水戸家からこちらに譲ってくれという交渉も来ているのだが、渋沢を水戸にやると、民部公子が慕っているから、渋沢を重用するだろう。そうなれば、心よからぬ人間が嫉妬して渋沢に危害をくわえるかもしれぬ。

もし、渋沢に水戸に仕える気がなくても、水戸まで返書をもたせてやると、当分は水戸に滞在するようになり、自然と情が増すことになるだろう。そうなれば、民部公子を振り切って水戸を離れることが難しくなる。

そこで、水戸家には渋沢は当藩に必要なので遣わすことはできないと申し、渋沢には藩庁の適当な仕事をさせるようにとの仰せであった。だから、理財にすぐれたそなたを勘定組頭にとり立てることにしたのだ」

栄一は、この言葉を聞いて、自分の短絡的な考えと粗暴なふるまいを深く恥じた。

冷静に**考**えると、**何**もかもが**慶喜**の**推察**したとおりである。
もし、**民部公子**の**言葉**にしたがって、その**片腕**となっていたら、たちまち**刺客**が**放**たれていたであろう。
徳川慶喜という**人物**の**偉大**さに**思**い**至**った**栄一**。とことん**主君**として**仕**えていこうと**心**にかたく**誓**うのであった。

商法会所を設立する

慶喜の深い配慮によって、栄一は静岡の地にとどまることにした。だが、勘定組頭は拝命しなかった。

栄一は、この静岡で新たに商工業を興し、発展させようと考えた。フランス滞在中に、エラールから学んだ合本《がっぽん》組織（株式会社）により会社をつくろうとしたのである。

財政がひっ迫していた新政府は、明治元年から翌年にかけて、太政官《だじょうかん》紙幣を発行して急場をしのごうとしていた。しかし、新政権への信頼がないから、紙幣はなかなか全国に流通しない。そこで、各藩の石高に応じて、太政官紙幣を貸付け、各藩の財政再建の過程でこれを流通させるようにと命じていた。

静岡藩も、五十三万両ばかり借り入れていたが、栄一は、貸付金を返せといわれても困らないよう方策を講じるべきだと進言した。

この五十三万両の太政官紙幣を藩の出費としてつかってしまうのではなく、これを元手に事業を行い、その利益で借入金を減らしていくのがよいと提案したのである。提案は藩庁で評議され、事業がスタートすることになる。これが、商法会所《しょうほうかいしょ》である。

明治二年（一八六九）一月十六日、官民出資による合本組織の商法会所が設立された。紺屋《こうや》町に事務所を設置し、全体の取締は勘定組頭の任務とし、栄一が頭取として運営のすべてをまかされた。頭取の栄一の配下には、藩士数人が各部の掛員として任命された。

商法会所は、藩の借入金と商人などの出資金で運営される。事業により利益が出ればその出資額に応じて配当し、預金に対しては一定の利子を支払う。いまでいえば株式の配当と利息である。栄一がパリで学び得た知識にもとづくものであった。

現在の銀行と商社をあわせた業務内容で、商品担保による貸付や定期預金、お茶や養蚕などの生産にかかる資金の貸付、米穀、肥料等の買い入れと販売・貸与などを行う。参加希望者はだれでもよく、金額の多寡は問わなかった。

こうして合本組織がスタートしたが、運営上の最大の問題は、資本金の大部分を占める太政官紙幣をどう処理するかであった。というのも、栄一は、政府への信頼度ははなはだ低いので、太政官紙幣の価値が今後下落し、物価が高騰するだろうと予想していたからだ。

だから、できるだけ早期に、太政官紙幣で物品を購入したり、太政官紙幣を正金と交換したりしておかなければならない。

そこで、早々に太政官紙幣を正金と交換して、東京では肥料を、大阪では米穀を買い入れた。

すると、栄一の読みは見事に的中した。肥料も米穀も価格が高騰してきたのである。時代を見る目、先を読む力をもった栄一。さすがである。

その後、栄一は、米穀が利益が出るとみれば、状況に応じて売却し、肥料は領内の村々へ貸し付けた。こうして、かなりの利益を得ることができるようになったのである。

静岡の地で、栄一はヨーロッパで学んだ会社や金融のしくみを取り入れて成功した。学んだことを実践していったのである。日本が豊かな国になるためには、商工業を興し、発展させなければならない。そのためには、合本組織が必要であると考えていた。そして、日本全国にそれを奨励するまえに、この静岡の地で実験したわけである。

明治二年（一八六九）五月になると、藩庁から、商法会所として藩の資本で商いをするのは、中央集権化を目指す新政府の意向に反するから名称を変更せよというお達しがあった。そこで栄一は、大久保と相談し、商法会所を廃止して常平倉《じょうへいそう》とした。この常平倉も軌道に乗り、事業も拡大していく兆《きざ》しが見えてきた。

商法会所・常平倉を経営していく過程で、栄一はさまざまなことを感じたに違いない。政府の金融政策の無能さもその一つである。未来への見通しの欠如など、商業が発展していくうえで基礎となるものが欠けていた。

そのときの栄一は、まさか自分が政府の金融政策をやがて担《にな》うことになるとは夢にも思っていなかった。ところが、そのまさかが起こることになる。

明治政府から仕官せよという命令があったのだ。栄一は、常平倉の仕事があるから辞退したいと申し出た。だが、大久保はいう。断るにしても栄一が一度も新政府に出頭しないで、藩庁からその旨を伝えたら、人材の出し惜しみをしていると思われ、痛くもない腹を探られるおそれがある。上さまや藩主にもご迷惑がかかることになる。

こういわれて、困った栄一。ヨーロッパで得た知見を生かしたこの仕事を一生つづけるつもりで、三月に故郷から妻子を呼びよせていた。はじめての家族水入らずの生活である。

だが、徳川家に迷惑がかかるといわれては、やむを得ない。ともかく、政府の役人と会って話を聞いてから決めることにして、十月二十六日、栄一は東京に向かった。

Episode 24 大隈重信に説得される

「このたび、租税正《そぜいのかみ》を仰せつかりましたが、私には民部省の仕事や税務に関する知識や経験はありません。また、現在、静岡藩におきまして新たな事業に取り組んでおり、一生の仕事と考えております。それに、私は慶喜公に仕えた旧幕臣です。これまでのことを考えますと、新政府に仕えることはできません。この任命は取り消してください」

栄一は、任官を断るために大蔵兼民部省の実権を握っていた大隈重信をたずね、こう話した。

大隈はもっともだという顔をしながら聞いていた。

そして、こういう。

「うん、君のいうことはよくわかる。だが、君は新政府の仕事に知識や経験がないというが、この大隈だってまったく経験がない。伊藤少輔《しょうゆう》も同様だ。いまの状態をたとえていうなら、わが国では、むかしから何かあると八百万《やおよろず》の神々があつまり協議するといわれているのと同じだ。さまざまな人をあつめて新しい政治を行おうとしているところなのだ」

大隈はつづけてこういう。

「君はフランスに行き、ヨーロッパ各地を視察しているし、財政上の知識にもたけている。だから、このさい、ぜひ中央政府に入って、その知識を生かし、尽力してもらいたい。静岡藩という小さな藩に尽くすよりも、このほうが国家のために意義のあることではないだろうか」

大隈はさらにつづける。

「しかも、静岡藩から役に立つ人間が中央政府に入ったということになれば、慶喜公の肩身が広くなるわけだし、間接的には慶喜公が国民のために尽くされたということにもなる。この点をよく考えなければならぬ」

そして、大隈はたたみかける。

「また、慶喜公の立場として考えてみても、君を政府に推薦することは、ある意味において誠意をあらわすことになる。だから、君が政府に仕えることは、すなわち慶喜公に対しても忠義の道を果たすことができるというものだ。

真に慶喜公を思い、かつ国家を思うなら我意をとおすのをやめて、明治政府に仕えるべきである。それが本当の紳士の道ではないだろうか」

ここまでいわれてしまった栄一。もう断ることができなかった。

それにしても、大隈の雄弁さは聞きしに勝るものがあった。

これで新政府の役人となった栄一。

幕臣となってフランスへ。帰国して静岡で事業を行うも、不本意ながら今度は官僚に。

これもまた運命のいたずらか。

それとも時代がそれをもとめたのか。

ともかく、官僚としての栄一の生活がはじまる。

栄一、官僚となる

明治二年（一八六九）十一月四日、栄一は太政官《だじょうかん》に出頭し、民部省の租税正《そぜいのかみ》（現在の局長クラス）の辞令をうけた。これは思いもかけないことであった。省内に知り合いはだれひとりとしていない。それなのに旧幕臣の栄一が新政府の主要ポストに就任したからだ。

だが、栄一は任官する気はない。静岡には常平倉の仕事がある。また、官僚は幕府と対立した公卿や薩長藩などの藩士である。主君の慶喜を朝敵におとしいれた者たちと一緒に仕事をする気にはならなかった。

「そもそもだれが自分を推挙したのだろうか。だれが自分の名前を聞いたのだろうか。あまりに方向違いだ」とも、栄一は思った。

この年、明治政府は新しい太政官制を導入した。太政官の上に神祇官《じんぎかん》が置かれ、太政官の下には民部省・大蔵

大隈重信
（国立国会図書館ウェブサイトより）

省・兵部省《ひょうぶ》・刑部省《ぎょうぶ》・宮内省《くない》・外務省が設置されるという二官六省制が採られた。

八月十一日、民部省は大蔵省に統合される。大隈重信や伊藤博文らが財政（大蔵省）と徴税（民部省）の機構の統一を強く主張し、岩倉具視や木戸孝允の支持を得たからである。ただし、組織上は民部省は残されており、役職を兼務していた。

大蔵兼民部卿《きょう》（大臣）が伊達宗城《だてむねなり》、大蔵兼民部大輔《たいふ》（次官）が大隈重信、大蔵兼民部少輔《しょうゆう》（次官クラス）が伊藤博文であった。そして大蔵兼民部省の実権は大隈が握っていた。

十一月十八日、任官を断るため、大隈の邸宅をたずねた。大隈は栄一より二歳年上の三十二歳であった。

だが、結局、大隈に説得され、栄一は租税正につくことになる。翌月十八日、妻子とともに湯島天神中坂下に移り住んだ。

なお、栄一を推薦したのは、大蔵官僚の郷純造《ごうじゅんぞう》という元幕臣である。郷は伊達大蔵卿の秘書長の役をつとめていた。栄一とは直接の面識はなかったが、一橋家時代の活躍ぶりや、フランスでの理財の才について聞きおよんでいたので、有能な人物をもとめていた大隈、伊藤に対して推薦したのである。

郷は、栄一が大蔵省をやめたあとも在職し、大蔵次官までつとめあげて貴族院議員となっている。その息子の郷誠之助は、東京株式取引所理事長や日本商工会議所会頭をつとめるなど、栄一のあとをついで財界の指導者となる。

栄一、改正掛の掛長となる

栄一は、出仕してすぐに省内の混乱に気づいた。

職務権限が広範囲に渡り、省内の各組織における担当業務がはっきりせず、事務処理の方針も明確でなかった。また、問題が山積みとなっており、役人たちは目のまえの業務におわれて、右往左往している。これでは、仕事ははかどらず、新しいことなどできるわけがない。

そこで栄一はさっそく大隈に提案した。

「いまの省では、新たな国の基盤づくりがまったく進みません。省の業務の刷新をし、効率よく業務を進めるために、新しい組織をつくるべきです。そこに省内の有能な人材をあつめて、省が取り組むべき法律や制度の新設・改革も、この組織をとおして提言や企画・提案を担当させるのです」

これを聞いた大隈は、さすがに頭の回転がはやく、栄一のいおうとしていることをただちに理解した。と同時に、栄一の非凡さを認識したのである。

組織の新設は即決され、明治二年（一八六九）十一月下旬、新しい組織の改正掛《かいせいがかり》が設置された。掛長は栄一である。実質的に、財政や金融のみならず、日本そのものの改造の責任者となるのである。

そして、この組織は、いまでいうとプロジェクトチームであり、シンクタンクの役割を果たすものである。こうした組織をつくるという栄一の発想。時代の先をいくものである。

改正掛のメンバーは、静岡藩から前島密《まえじまひそか》や杉浦譲など、先進国の事情に明るい秀才を迎え、十二、三人ほどであった。前島と杉浦は、いずれも幕臣で当時は静岡藩の役人となっていた。前島はのちに日本の郵便のしくみを築き、「日本近代郵便の父」と呼ばれる。杉浦は幕府の外交使節の一員としてヨーロッパに渡り、徳川昭武一行にもくわわった欧米通で、渋沢の親しい友人のひとりである。ほかに、のちに海軍中将となる赤松則良《のりよし》、英仏への使節に随行した塩田三郎などの幕臣がいた。いずれも語学が堪能な外国通であった。このころ、こうした人材は薩長側にきわめて少なかったので、旧幕臣からスカウトしてくるしかなかった。渋沢はその窓口となり、適材適所の人事を行っていったのである。

大隈や伊藤らは、省内の政策課題を次々に改正掛に下問する。改正掛員の仕事は、本来の業務を兼務し、徹夜つづきの激務であった。だが、新しい国家をつくるために、若き情熱をもやすのであった。

改正掛はさまざまな問題に取り組み、着実に成果をあげていく。度量衡の改正、廃藩置県、地租改正、国立銀行条例、郵便制度の創設、富岡製糸場の建設、貨幣制度の改正、鉄道の敷設、諸官庁の建築など、これらの実施に向けた企画・提案、調査・研究を行っていったのである。

その後、改正掛は廃止される。明治四年（一八七一）八月のことである。改正掛はわずか二年足らずで終わってしまったが、日本の近代国家の建設に大きく寄与したのであった。

この当時のエピソードとして次のようなものがある。

前島密
（国立国会図書館ウェブサイトより）

Episode 25

栄一の猛烈な働きぶり

「渋沢を私の上司に抜擢《ばってき》するとは何事ですか。渋沢ごときの下で仕事は一切しませんから」

たいへんは剣幕で大隈に詰め寄る玉乃世履《たまのせいり》。玉乃は岩国藩出身で栄一より十五歳も年上。

ほかにも大隈への直談判はあとを絶たない。

「あんな農民あがりの幕臣を上司にすえるとは、どういうことですか」

栄一の租税正就任、そして改正掛の設置は、役人たちの大きな反発を招いた。

大隈は、不満をいって来た者たちにこういう。

「不満は、とりあえず結果を見てからにしろ」

栄一の働きは超人的であった。

三、四日ぐらいは一睡もせずに、指導力を発揮して実務をこなす。

財政、金融、地方行政、殖産、郵便などの難題を解決していった。

そのすさまじいまでの働きぶりに、お手並み拝見を決め込んでいた役人たちも、みなおどろいた。

「渋沢租税正の仕事ぶりは、とてもわれわれのおよぶところではありません。まことに得がたい人物です。まえに無礼なことをいったのは、われわれの思い違いでした。実に申し訳ありません」

真っ先に大隈に謝罪をしに来たのは、あの玉乃であった。かれは、のちに大審院長（現在の最高裁判所長官）となる。

このあとは、栄一と懇意になるのであった。

廃藩置県で活躍を見せる栄一

明治四年（一八七一）、伊達宗城が大蔵卿を辞し、大隈大輔も参議に転任した。かわって、大久保利通が大蔵卿となり、井上馨が大蔵大輔に就任した。

その後、栄一は大蔵大丞《だいじょう》に任じられる。これによって、栄一より五歳年上の井上が直属の上司となる。省務については井上が指示し、実務は栄一が取りしきった。

そうするうちに、廃藩置県という政略上の大問題が起こった。その議に参加したのは、木戸、西郷、大久保、大隈、井上ら重臣であったが、井上の直属の部下として獅子奮迅の活躍を見せたのが栄一であった。

廃藩置県を断行するさいには、種々の問題が起こったのは当然であったが、各藩の藩札の引き換えが重要な問題となった。廃藩置県を行えば、藩札引き換えにからんで、経済的な混乱が起きるおそれがあったので、廃藩置県と藩札の引き換えはセットで行わなければならなかった。

そのため、ほんの数日のあいだに、廃藩置県によって生じるであろう全国的な経済的混乱をさけるための方策を、細かなところまで立案しなければならなかったのである。

井上の指示をうけた栄一は、二、三日のあいだほとんど不眠不休でその方法を立案し、その草稿を井上に提出した。人間ばなれした働きぶりである。

その大まかな内容というのは、各藩ごとの年度別のバランスシートのようなものを作成し、そのうえで、借り入れている負債を新旧二種類に分けて、比較的新しい藩の負債を政府が肩代わりして、公債証書を発行するというものであった。この公債証書の発行というのは、栄一の独自の発想によるもので、日本で初の試みであった。

藩札や藩債を明治政府が肩代わりしなければ、藩の政府も、またそれに金を貸している民衆も黙っていないはずである。各藩は、借金の肩代わりというメリットがあるからこそ、廃藩置県に同意するのである。

しかし、その一方で、政府の金庫にはまったく現金がなかった。この矛盾を解決するものとして、栄一が思いついたのが、フランスにいたときにエラールのすすめで購入した公債であった。

この公債というものは、償還、つまり返済するまでに期限をもうけることができるというメリットがあった。いま、国の金庫に現金がまったくなくても、いずれは償還できる財源もできてくる。あたえられるほうも、新しく発行する公債は利息つきなので、利息をうけ取れるというメリットがある。

こうして栄一が案出した公債という方法によって、廃藩置県の混乱はほぼ起こらずにすんだのである。フランスで学び得た知識をここでも実践し、成功をおさめたのであった。

栄一の活躍を誰よりもよろこんだのは井上であった。だが、井上からは絶賛されるも、同僚からはにくまれて攻撃をうけることもあ

井上馨
（国立国会図書館ウェブサイトより）

った。当時、のさばっていた藩閥は、旧幕臣の栄一を邪魔者扱いするし、かれも藩閥に不満をもっていたようである。

そうしたこともあり、官界は、栄一には何となく安住の地とは思われなかった。こうして実業への思いは、依然と胸中にたえなかったのである。

廃藩置県の直前の審議会には、栄一も書記役で出席していたのだが、そのときのエピソードとして次のようなものがある。

Episode 26 西郷の謎のこたえ

「こげんもんを出す必要がありますか。こいをつくってどうなります。日本は維新後、まだ、戦《いくさ》な足りもうさん。も少し戦争せななり申さん」

国体論や皇室に関する重要事項を議論することから、木戸は、三条と岩倉の両公の出席を要請するべきだとして栄一に出席依頼の建白書を書かせた。

そして、木戸は西郷に同意をもとめた。

だが西郷は、栄一がまとめた文案を見ても、この謎のこたえをくりかえすばかり。

「戦が足りぬといわれるが、無理に戦争するわけにはいかぬ。戦争すべき必要があれば、やればよいではないか。それはそれとして、両公のご出席に賛同いただけるか」

木戸は、おどろいてこういうが、西郷はくりかえす。

「戦な足り申さん」

辛抱強く説明したが、西郷は同意しない。

木戸も井上もお手上げとなって、流会となった。

栄一は大蔵省に帰って、井上に聞いた。

「西郷参議は妙なことをいわれましたが、あれはいったいどういう意味でしょうか」

「さあ、俺にもよくわからん。西郷はよくとぼけたことをいう男だ。だが、あれには何か深い意味があるに違いない」

井上も、こうこたえるしかなかった。

そして、三、四日経ってから、井上がいきなり話しかけてきた。
「おい、おい、渋沢君、やっとわかったぞ」
「わかったというのは」
「いやあ、西郷さんのいった言葉の真意がわかったぞ。西郷は廃藩置県を断行する決心をかためている。

廃藩置県を断行すると、諸藩のなかには、反対をとなえる者があるだろうし、反乱を起こしてふたたび戦争となるようなこともあるかもしれない。だから政府は戦争の準備をしなければならない。その覚悟があるのか。そのことを問いたくて、それでまだ戦争が足らぬといったらしい」

この井上の話を聞いて、栄一もようやく納得した。

と、同時にさすが西郷は先見の明がある偉大な人物であると、あらためて感服したのであった。

栄一、大久保とやり合う

明治四年(一八七一)八月、大久保卿からの呼び出しがあった。栄一以下数名が大久保の部屋にあつめられ、大久保はこう切り出した。

「このたび陸軍省の経費を八百万円、海軍省の経費を二百五十万円に決定するという議が成立した。大蔵省としてはこれに同意しなければならないということになったが、諸君はどういう意見をもっておるか」

大久保のいいかたは、諮問というかたちこそとっているものの、実際にはこう決まったのだから文句はあるまいというものであった。そのとき、井上は登庁していなかったので、栄一は思い切って正面から反対意見を述べた。

「いかに軍事は国家の大事だからといって、一千五十万円という巨額の支出を安易に決めるなどはもっての外のことであって、本末転倒はなはだしいと思います。これは統計ができあがり、歳入額が明白になったあとで、これに応じて支出額を決定するのが当然かと考えております。

とくに、陸海軍の経費を承認すれば、他の省でも黙っていないでしょう。司

大久保利通
(国立国会図書館ウェブサイトより)

法省では裁判所を拡張する、文部省では教育施設の普及をはかるというように、各省が予算を要求するようになります。そうなれば、国家財政がとんでもないことになります。ですから、歳入額に応じて決めるしかありません。陸海軍の経費支出も正確な統計ができあがったうえで決定されるのが妥当であると考えられます」

　これを聞いた大久保は威圧的にこういった。

「そんなら渋沢君は、陸海軍のほうはどうでもかまわないという意見か」

　こうして二人はやりあった。

「入《い》るを量《はか》りて出《い》ずるを為《な》す」収入の額を計算し、それに応じた支出をするという財政の基本原則。井上と栄一はこの原則を主張していた。

　いくら廃藩置県がなったからといって、政府の予算の歳入はきわめて不確実なもので、かろうじて四千万円くらいという予想しかついていなかった。そこで、井上と相談して、歳入の統計をつくり、その結果から確定予算というものを定めようとしていたのだが、その統計ができあがらないうちから、経費がこれだけかかるから出せといってきたのである。これでは工夫中の財政計画も台無しになってしまう。大久保との議論の過程で、栄一は、大久保という人物はたんに経済がわからないだけではなく、部下の正論に耳をかたむける度量もない。あくまで権威を笠に着て押しとおそうとする、横柄な人物であると判断する。

この大久保との意見対立で、栄一はつくづく大蔵省にいるのが嫌になった。そして、上司の井上に辞意を表明した。だが、このとき、大久保は近々外遊に出るからと井上に遺留され、辞職をふみとどまった。井上は、本省にいたのでは気まずいだろうからと気をきかせて、大阪の造幣局に行くよう手配してくれた。

栄一は、しばらく大阪出張ということになったのである。

このころのエピソードに次のようなものもある。

Episode 27
突然、西郷が栄一をたずねる

「ご用がございましたら、私のほうから伺いましたのに。わざわざ来訪をいただき恐縮です」

神田小川町の栄一の自宅に、突然、従者を二人を連れて西郷がたずねて

きた。

西郷とは閣議などで顔を合わせていたが、一介の役人の家に参議という最高職の人が来たのだから、栄一は恐縮する。

二人だけで話をするのは、幕末に京で豚鍋をご馳走になって以来である。

「いや、今日は君にたのみがあって来たのだ。公務じゃなかか。気にせず願いたい」

こういってから西郷は話をはじめた。

「相馬藩には、二宮尊徳が残した「興国安民法」という良法があるそうだが、そいが廃藩置県でそん良法にもとづく制度が廃止されるそうだ。あんだけの良法じゃって、ぜひ残してほしかと相馬藩ん者がたのみにきたんじゃが、残してやってくれんか」

「ぶしつけながら、参議は、その「興国安民法」なるものは、どのようなものであるかをご存じでしょうか」

「いや、いっこうに知り申さん」

栄一は「興国安民法」の制度について説明した。

これは、相馬藩の過去の財政実績から一定の予算額を定めておき、歳入がその額を上回った年にかぎり、殖産事業を行ったり、新しく土地を開拓したりするというものであった。

これにより、相馬藩の財政は安定し、大きな成果をあげたのである。

栄一は、「入るを量りて出ずるを為す」の財政の原則にもとづいた非常にすぐれた制度であることを説明した。

そして、政府の予算編成のやりかたに憤っていた栄一は、こういう。

「参議殿が、二宮翁の「興国安民法」の存続に尽力されることは、まことに結構なことでございます。

しかしながら、私ども大蔵省は、この良法の精神にもとづいて国家予算を組んでおりますが、太政官の評議では、兵部省、文部省、司法省が予算を要求してくると、大蔵省の意見も聞かず、これに承認をあたえます。その結果、各省は太政官が承認したのだから、予算を執行しろとせまるので、大蔵省はたいへんな困難におちいっています。これでは、まさに『興国安民法』の逆です。

いまは、二宮翁の良法の存廃を問題にしている場合ではありません。日本の財政運営はこの法の精神でやっていく必要があるのです。このへんのことについては、よろしくご理解のほどお願いいたします」

無言でこの話を聞いていた西郷。

「そうか」

話が途切れると、重い語調でうなずく。

そして、にっこりほほえみながら、こういう。

「なるほど、聞いてみると、君ん意見ももっともに思うどん、おいは今日君にたのみに来たんで、議論を聞きに来たんじゃなか。ともかくよう考えて、できるならばなるべく都合ようしてくれるようたのむ」

西郷は、笑いながら席を立ち、栄一の苦言に文句一ついわずに帰っていった。


栄一は、大蔵省の歳出のバランスについて、大久保にいったことと同様のことを述べた。

だが、西郷の態度は大久保とはまったく違っていた。

栄一は思った。

若輩の自分ごときに、無遠慮な理屈を並べたてられたら、たいていの人は

腹を立てるだろう。いや、立腹までいかなくても、不満の色をあらわすに違いない。

だが、西郷はそうしたそぶりを少しも見せず、笑って帰っていった。

栄一は、その後ろすがたに、桁違いの人物の大きさを感じ取ったのであった。

栄一、大蔵省を去る

明治四年（一八七一）十一月、欧米の十二カ国を訪問する岩倉使節団が横浜港を出航した。栄一と折り合いが悪かった大蔵卿の大久保も、使節団の一員としてくわわっていた。

その後、栄一は東京に呼び戻された。大蔵省では、大輔の井上が実質的な責任者となっていた。そして、栄一は実質的に次官の地位となった。これで、大蔵省では、井上と栄一が実権を掌握し、明治五年から六年にかけて、日本経済を根底からかえていくような改革案を続々と実現していくのである。

二人がまず取りかかったのが、国立銀行を創立するための条例の制定であった。栄一は条例を立案するが、このとき、それまでバンクとされていた言葉の訳語を「銀行」と定めた。

国立銀行条例をつくったとき、かれが苦労したのは、法律的な条文や制度上の運用もさることながら、銀行にかかわる人材の育成であった。というのも、江戸時代からの商人のなかには、栄一がイメージする銀行の観念を理解できる者がほとんどいなかったからだ。

栄一は、国立銀行条例制定に先立つ明治四年に大蔵省の通商司を兼務していたとき、東京や大阪の実業家とも時々面会していた。そこで業務上のさまざまな話をしてみたが、旧来の卑屈な風習は一掃されておらず、政府の役人と会うとなると、ただ平身低頭するのみ。学問もなければ気力もなく、新しい工夫や改良ということなどは思いもよらないというありさまであった。

これでは、いくら政府が尽力しても、いまの実業家たちでは、日本の商工業を発展させることはできない。

実業界に信頼できる人材がまったくいないのであれば、自分が官を辞して身を投ずるしかないと考えた。だが、このときは大隈と伊藤にとめられ思いとどまった。しかし、今回あらためて、以前からの考えがふたたび頭をもたげてきたのである。

そんな矢先、不意な出来事から栄一は大蔵省を去ることになる。その出来事というのは井上馨の辞職である。例の「入るを量りて出ずるを為す」の原則に対して、司法省などからはげしい反発があり、太政官においても、本来大蔵省を支持するべき大隈らが、大蔵省の意見をうけ入れなかった。そのため、ついに井上がきれて辞めてしまったのである。

そこで、栄一は、それなら大蔵省にとどまっている理由は何もないとして、辞表を提出することになった。

明治六年（一八七三）五月、栄一、三十四歳のときのことである。

栄一が新政府で働いた約三年半のあいだ、近代日本の発展に必要な法律や制度が整備されていったが、かれはこれらに大きく貢献したのであった。

渋沢栄一に学ぶ

―時代を見る目、先を読む力―

栄一は、静岡の地で商法会所を設立した。いまの**時代をとらえ、先を読んでの行動**である。また、パリで学び得た知識を十分に活用した。新政府の状況など時代の流れを的確につかみ、貨幣や物価が今後どうなっていくのかを予想し、手を打った。**先を読む力**をもっていたからこそ、成功をおさめることができたのである。

また、大蔵省の官僚となってからも、改正掛を提案し、プロジェクトチームをつくった。**時代の先を行く発想**である。

「**新しき時代には**
新しき人物を養成して
新しき事物を処理せねばならない」

『渋沢栄一訓言集』（学問と教育）

明治という新しい時代には、新しい人材を育成し、新しいことを行っていかなければならない。こうした思い・考えをもって何事にも取り組んでいったのだろう。

―適材を適所に配置する―

改正掛を設置したが、メンバーは静岡藩などから秀才たちを迎えた。新しいことを行うには、新しい優秀な人材が必要である。

そして、栄一は**適材適所の人事**を行っていったのである。

適材適所については、次の言葉がある。

「およそ人を択《えら》び、人を採用するに、三つの要件がある。
第一は適材を適所に置くこと、
第二はある特長を任用すること、
第三はその人物の全体を観察して、その完全なるや否やを知り、もってその人を重用することである」

『渋沢栄一訓言集』（処事と接物）

その人の適性に合わせ適所に配置する。その人の長所を引き出すような職務を担当させる。その人がどのような人物なのかをよく見きわめ、十分に把握したうえで、その人を用いるようにする。人を採用・配置するときの三つの心得といえるだろう。

―― バイタリティあふれる働きぶり ――

超人的な働きで、数々の難題を解決していった栄一。不眠不休で仕事に没頭した。**バイタリティあふれる働きぶり**である。

このまま現代にあてはめるわけにはいかないが、仕事に取り組む姿勢として学ぶべきことがあるだろう。

「**事務激**しければ**激**しきほど、
心を**落着**けて、決して**急**ぐべからず。
これ**渾身**《こんしん》の**力**をその**事**に**傾注**する**道**である」

『渋沢栄一訓言集』（処事と接物）

人間、忙しくなればなるほど、あわてたり、急いでやろうとしたりするものだ。だが、仕事が忙しいほど**心をおち着ける**。そして決して急ごうとしてはいけない。そうすることで、その仕事に全力を集中させることができるのだという。

多忙なときこそ、心をおち着かせる。心得ておきたいことである。

「繁忙なる業務に従事する人は、別して、活発に立ち働かねばならない。活発とは、自己の任務を愉快に敏活に処断することである。ただしその言語態度は常に丁寧親切なるを要する」

『渋沢栄一訓言集』（実業と経済）

忙しい業務を行う人は、とりわけ活発に働かなければならない。活発とは、自分の担当業務を、楽しく、かつテキパキとこなしていくことだという。そして、すばやく仕事をさばいていっても、その言葉づかいや態度は、丁寧で思いやりをもっていなければならないとしている。

栄一のバイタリティあふれる仕事ぶり、その源泉には何があるのか。

「世の中の仕事は、たとえ賤業たりとも、
よくこれを努め、よくこれを拡《ひろ》めれば、
すなわち国家に公益を与えるものである。
ゆえに何を貴しとし、何を賤《いや》しと言うことはない。
いかなる業務でも、神聖と思って行わねばならない」

『渋沢栄一訓言集』（実業と経済）

どのような仕事であっても、その仕事につとめはげみ、その仕事を発展させていけば、それは**国の利益**になるのだという。自分の仕事が、**社会に貢献**しているのだという思いで仕事に取り組まなければならないということであろう。

そして、仕事が**社会の役に立つ**のだから、どのような仕事であっても、けがれなく尊いものだと思わなければならない。

十代のころの「立派な人物になって、この国をよくしたい。役に立ちたい」という思い、これが源泉にあったのではないだろうか。

第十八章　信念

「およそ人たる者は、
確乎たる信仰をもたなければ
人たるの意義を失うのみならず、
事業上の成功を期する事もできない」

『渋沢栄一訓言集』（立志と修養）

「商人たるものは必ず信念がなくてはならない。而《しこう》してまず思想を鍛練する必要がある。思想を鍛練して信念を修養しなければ、文明の商人としてその成功を期待することはできない」

『渋沢栄一訓言集』（実業と経済）

商人にはかならず信念がなければならない。だからまずは思想を鍛錬しなければならない。思想をきたえて、信念を養わなければ、近代商人として成功をおさめることはできない。

実業界に転じた栄一。官尊民卑を打破し、道徳経済合一の思想、合本法によって商工業を発展させる。そして公利公益を追求し、国家社会を豊かにするという強い信念をもち、その信念を貫いた。

Episode 28

複式簿記をめぐる口論

「貴殿が西洋簿記などというくだらぬ処理をさせるから、伝票事務が複雑になって間違いが多くなる。従来の記帳方式でよいではないか。早く撤回してもらいたい」

旧薩摩藩士で出納頭《すいとうのかみ》の得能良介《とくのうりょうすけ》は、栄一にこう要求した。明治五年（一八七二）五月、栄一が大蔵省の大蔵少輔事務取扱（次官クラス）のときのことである。

栄一は井上馨の許可を得て、大蔵省に複式簿記を導入した。複式簿記は、財政の実態がよくわかる会計処理の方法である。

得能が、栄一の執務室に来て、その複式簿記の是非をめぐってはげしい口論となったのである。

「間違いが多いのは、伝票の記入に慣れていないだけだ」

「いや、そうではない。複式簿記など採用さえしなければ間違いは起こらないのだ」

「国家財政の実態を把握するためにも、出納の正確を期するためにも、複式簿記を取り入れることは必要なのだ」

栄一はこう説明するが、得能は聞き入れない。

「こんなもんは、手間がかかるばかりで役に立たぬ」

「そんなことはない。あなたは伝票の記入さえ指導できず、よく出納頭がつとまるな」

「何だと！」

激高した得能は拳を振りあげ、栄一に殴りかかってきた。

ひらりと身をかわした栄一は一喝《いっかつ》する。

「何をする。ここは役所だぞ！　慎みなさい！」

得能は、ハッとした様子で、振りあげた拳を引っ込めた。そして、そのままスゴスゴと執務室から退出していった。

上司に暴力を振るおうとした得能。栄一は騒ぎ立てるつもりはなかったが、太政官まで話がおよび、得能は免職の処分となってしまう。

だが、その後、得能は大蔵省に戻り、後年、初代大蔵技監にまでなる。

そして、数年後、栄一はこの得能をたよることになるのであった。

Episode 29

栄一、三井入りを断る

「どうもあなたは役人でいるよりも、実業界に入ったほうがいいかただ。もし、その気になられたら、ぜひとも三井に入ってくれませんか」

こう栄一にいったのは、三井の大番頭の三野村利左衛門《みのむらりざえもん》である。

三野村とはじめて出会ったのは、栄一がパリから戻って来たときであった。

その後、栄一が静岡で商法会所を組織しているときに、三野村に世話になっている。太政官紙幣をふところにして、江戸に商品の買いつけをしに行ったさいに、三野村に太政官紙幣を両替してもらったりした。

栄一が大蔵省に入ってからも、つき合いはつづいた。

三野村は、大蔵官僚の栄一に、いつもこのように「三井に入ってくれないか」といっていたのであった。

そして、その機会は、意外にもすぐにやってきた。

栄一が井上馨と袖をつらねて辞職したのである。

三野村はこのときばかりと、栄一を訪問した。

「いま、民間ではあなたほどの人物はいません。私は三井を隠退する考えでいます。そこで、後任にあなたを推薦したいと思います。今日はその内諾を得ようと思って来たのです」

三野村は、栄一がよろこんでとびついてくると思っていた。

ところが、結果は違っていた。

「私は日本の商工業を発展させようと思って官をやめたのです。三井の番頭になるつもりはありません」

栄一は、あっさりと断った。

栄一が大蔵省をやめたのは、何も三井に入って、三井を富ませ、自らも富豪になるためではなかった。

かれは、士農工商という身分制度を打破し、官尊民卑の価値観を倒し、産業によって富国強兵をなしとげようという精神に燃えていたのである。

渋沢栄一の生涯
――実業界へ――

栄一、第一国立銀行に入る

栄一はいよいよ実業界へと転出する。明治六年（一八七三）五月、三十四歳のときである。これ以降、栄一は二度と官職につくことはなく、日本経済の舵取り役となるのである。

日本の商工業を発展させていくためには、その基礎的な条件として、金融機関の整備と合本《がっぽん》組織（株式会社）が必要であると考えていた。

国立銀行条例を栄一が立案していたことはすでにふれたが、その二つの基礎的な条件を確立するための糸口を、国立銀行の設立に見出していた。そして、この年の六月十一日、第一国立銀行（現在のみずほ銀行）が設立された。

同行は、国立銀行条例にもとづく銀行で、資本金は三百万円、三井組と小野組で各百万円ずつ引きうけ、残りは公募とした。そして、八月に日本初の株式会社組織による銀行として開業した。栄一は、第一国立銀行を設立した三井組・小野組の両組から請われ、第一国立銀行の総監役に就任した。事実上の経営責任者となり、二年後には頭取に就任する。

栄一が第一国立銀行の総監役になったとき、かれの胸にはある思いがあった。

武士以外の農商工の民に、武士の魂をあたえようとするものである。うわべはお上のいいつけにしたがいながら、その実、自分たちの利益しか考えない古いタイプの商人に憤りを感じていた。いまのかれらでは富国を目指す商工業を生み出すことはできない。武士の魂をもちながら、利益追求をおろそかにしない、新しい産業人を創出しなければならない。栄一のとなえた「道徳経済合一」の思想である。利益を追求するといっても、自分個人の利益ではなく、あくまで国家や社会のための公益を念頭においていた。

だが、その新しい産業人の創出は簡単なことではなかった。というのも、いま自分がいる第一国立銀行でさえ、自らの利益しか考えていない者たちばかりだったからだ。

そもそも第一国立銀行では、三井と小野が対等で出資しているため、すべてのポストに両家からひとりずつが派遣されていて、頭取も二人、支配人も二人というように完全な二頭体制であった。たがいに牽制《けんせい》し合い、また嫉妬と猜疑心《さいぎしん》とで銀行内はギクシャクし、銀行業務が円滑に機能しなかった。

どの行員も、公の利益どころか、第一国立銀行という新しい組織の利益さえ考えず、ただ出身の組の利益だけしか頭にない。

栄一は、三井と小野の中間に入って、仲裁役となり、行司の役割を果たした。だが、三井側の人間は、渋沢は小野組に対してばかり便宜をはかると不平をいう。小野側では、渋沢は三井のほうにかたよって、小野には冷たいと苦情を並べる。栄一もこの問題にはほとほと苦労した。

ところが、明治七年（一八七四）の秋、この困難な問題が、突然のアクシデントによって解決を見ることになる。

第一国立銀行
（国立国会図書館ウェブサイトより）

武士の魂をもった商人

「いやあ、まことにどうも、とんでもないことになったもんだな」

栄一は、料亭に招いた小野組の実質的な責任者、番頭の古河市兵衛に酒をすすめながら、こう切り出した。

「お言葉のとおりです。本当にどうしたものか、見当もつきません」

市兵衛はこういうが、その表情は、言葉とは裏腹に覚悟を決めた様子であった。

実は、小野組が倒産という事態におちいったのである。

「小野組には銀行からの貸し出しが百数十万円ある。そのうち、七十五万円近くは君がやっている小野組の支店への貸し出しだ」

これが回収不能となれば、第一国立銀行まで連鎖倒産となる。この渋沢がひとり泥をかぶることは何ともない。

だが、これは日本の銀行、いや経済そのものの発展にかかわる大問題だ。もし第一国立銀行がつぶれたら、日本の銀行は当分、立ちあがることはできないだろう。

そういう事情をくんで、一つ骨をおってはくれないだろうか」

市兵衛は、じっと黙ってかしこまったまま話を聞いていたが、栄一がひととおり話し終わると、ふところから一枚の紙片を取り出した。

「何もかもわかっております。すでに覚悟もできております。これをご覧ください」

市兵衛はそういって、栄一にその紙片を渡した。

そこには、市兵衛が経営する小野組支店に関する財産のなかから、もっとも担保価値のあるもの、米穀や鉱山、公債、株券などが箇条書きされていた。

「いかがでしょう。これだけのものをそちらに差し出せば、貸金の担保として十分ではございませんか。

花は桜木、人は武士。わたくしのような商人でも、仁義道徳のほどはわきまえております。汚いことやめめしいことはいたしません。私を信じて、無担保で融資をしてくださった恩義は決して忘れません。私も男です。あなたにご迷惑をかけるぐらいでしたら、生きておめおめとここに来たりはいたしません」

「わかった。君はえらい。見上げた男だ。商人だが武士の魂をもっている。これからの日本に必要なのは君のような人間だ。ところで、君はこの先どうするつもりだ」

「私は、この後始末がつくまでは、自分のことは考えないつもりでございます」

「そうか。やけは起こすなよ。小野組の始末がついたら、かならず私のところへ相談に来てくれ。およばずながら力になろう」

といって栄一は、市兵衛の手をかたく握った。

こうして、第一国立銀行の連鎖倒産という危機は回避することができたのである。

そして、市兵衛はのちに古河財閥を創設することになるのであった。

第一国立銀行を襲う危機

栄一が三井組と小野組の確執という問題を抱えていた明治七年（一八七四）の秋、創立間もない第一国立銀行を最初の危機が襲った。二頭の株主の一方である小野組が、倒産の危機に瀕《ひん》したのである。

政府は、明治元年より、三井組、小野組、島田組の三組に対して為替方を命じ、国庫金の出納事務を取り扱い、その預り金を無利子無担保で運用できるという便宜をあたえてきた。廃藩置県後も政府は府県の租税の取り扱いを委嘱していた。なかでも小野組は多くの県に支店を設置し、幅広い業務を行って、巨額の預り金を運用して、大きな利益をあげていた。

ところが、栄一が第一国立銀行に入ったころから、政府の方針が一転した。まず、明治七年二月に規則が変更になり、為替方は預り金の三分の一に相当する金額を担保として提出することとされた。これだけでも為替方には大きな打撃であったが、さらに十月、預り金と同額の担保を提供するよう通達がなされた。それも担保の提供期限は十二月二十五日とされたのである。

この厳しい通達に三井組は何とか応じることができた。だが、小野組は違った。小野組は、三井組にくらべて、事業内容が拡大していた。それればかりか、預り金で米相場や生糸相場などにも手を出していたため、かなりの放漫経営におちいっていた。さらには、預り金をはるかに上回る借入金があり、手もち現金はほとんどないという状態であった。

こんな状態で、十二月二十五日までに担保を提供することは、とうてい無理な話である。事実、小野組は十一月に破たんする（島田組は翌年二月に倒産）。

小野組が倒産するとなると、第一国立銀行としては非常な大打撃をこうむることになる。小野組への貸し出しが百数十万にものぼり、この債権が回収できないとなると、国立第一銀行の連鎖倒産は必至である。

追い詰められた栄一は、小野組の実質的な責任者である古河市兵衛を呼び寄せ、小野組は倒産しても、第一国立銀行はつぶすわけにはいかないと説いた。

そして、担保の提供をうけることになり、第一国立銀行は倒産を回避することができたのである。

古河市兵衛は、その後裸一貫で出直して、奥羽で鉱山事業に取り組んだ。このとき、栄一はよろこんで二万円の融資を行った。古河はこれを資金に見事に一山あてて、以後は次々に鉱山の開発に取り組んでいったのである。

この小野組の倒産により、思わぬかたちで三井組と小野組の確執という問題は解消されたのであった。

なお、この小野組には、あの従兄の喜作が入社していた。喜作は箱館で最後まで戦い、政府軍に降伏した。その後、栄一のはからいで、大蔵省に勤務した。海外留学を経て、小野組に入社するも、倒産によってすぐに去ることになる。小野組を去ったあとは、横浜に生糸問屋渋沢商店を開業している。

また、恩師である尾高惇忠は、富岡製糸場の場長となり、製糸場の建設、女工の募集、技術移転などを行った。その後、第一国立銀行の盛岡と仙台の支店長を歴任した。

もう一つの危機

明治七年（一八七四）から翌年にかけて、栄一と第一国立銀行は、小野組の倒産という危機のほか、もう一つの危機に襲われた。

その時点での銀行は、金本位（金を一国の本位貨幣とする通貨制度）の兌換《だかん》（正貨と紙幣とを引き換えること）銀行というのが実態であった。

このころ、銀行の紙幣と金貨との引き換えが多くなっていた。そうなると、金貨の流出という由々しき事態を招くことになる。この原因には、貿易収支の不均衡などの問題があった。

当時、日本の貿易は輸入が輸出を上回る状態であり、輸入品の支払いのために正貨（金貨・銀貨）が大量に流出した。その結果、銀行の保有する金貨が銀行券と引き換えられ、どんどん減少していった。こうなると、銀行紙幣は流通しなくなり、銀行は立ち行かなくなってしまう。存亡の危機に立たされたのである。

この問題を解決するためには、栄一自らがつくった「国立銀行条例」を改正する必要があった。栄一は大蔵省に対して条例改正の請願を行い、明治九年(一八七六)八月、改正国立銀行条例が公布された。

その内容は、銀行紙幣の発行を金貨兌換制から、通貨兌換制に切り替える。つまり、銀行紙幣は金貨引き換えから政府紙幣引き換えとなった。そして、銀行紙幣の発行には、正金(金貨)を準備していなければならないというものを廃止し、政府紙幣を主体とする通貨の準備でよいとされた。さらに紙幣発行の限度が、従来では資本金の六割であったものが八割に拡大された。

この改正は、金銀の流出を防ぎ、既存の国立銀行の破たんを回避し、同時に国立銀行の育成を促進するという、当面の課題に対応する緊急避難的なものであった。だが、その後、国立銀行は雨後のタケノコのように設立され、通貨供給量だけは確実に増大していったのである。

この条例改正のときのエピソードとして、次のようなものがある。

Episode 31

条例改正の陳情

「やあ、お久しぶりです。今日はどのようなご用件でしょうか」

栄一にこういったのは、得能良介。あの複式簿記をめぐる口論の相手である（*Episode* 28）。

得能は、大蔵省に戻り、このとき紙幣頭《しへいのかみ》の任についていた。

栄一は、条例改正の陳情のため、紙幣領に出向いたのであった。

「本日は、国立銀行条例の改正の件でお願いにうかがいました」

栄一は、自らがつくった条例の改正の必要性を説明した。

身を切られるような思いである。

「それは困りましたな。改正のほかに方策はないのですか」

「改正以外に、第一国立銀行を救う方法はありません。何としてでも条例の改正をお願いします」

栄一は、頭をさげた。

得能はしばらく考え込む。そうしてこういった。

「そうですか。渋沢さんのたってのお願いならしかたありません。私から大蔵卿に説明してみます」

「それはありがたい」

「改正されるよう尽力しましょう」

「どうかよろしく」

栄一は、得能の公平かつ真摯な態度に敬服したのであった。

Episode 32 商工業に対する強い思い

「君はいずれは大蔵卿にもなれる人物。いま、大蔵省を辞任するのは実に惜しい。大久保卿とそりが合わないようだが、しばらく辛抱すればよいではないか。

それに大蔵省をやめてからは、民業にたずさわると聞いたが、それはやめておいたほうがいい。世間から軽蔑をうけて、役人にあごでつかわれるだけだ。ほかに道はあるだろう」

明治六年（一八七三）五月、栄一が大蔵省をやめると聞いた玉乃世履《たまのせいり》（*Episode* 25）は、心配になって栄一宅をおとずれていた。

玉乃にこういわれた栄一は、こうこたえる。

「ご好意はとてもありがたく思います。もちろん大久保卿のこともありますが、私が商売人になるというのは、決して富豪になろうという思いからではありません。

ただ、ご承知のとおり、いまの商売人の地位はあまりにも低いものになっています。これでは、とうていわが国の殖産興業と富国強兵をはかることはできません。何とかして商工業者の地位と意識を高める必要があるのです。

私はこれから論語の教えにもとづいた商業を営んでいきます。論語を処世の指針とするだけでなく、商売の規範尺度として商工業を発展させていきたいと考えています。そして三、四十年後には、立派な商工業者を育成してみせます。

ですから、長い目で見守ってください」

心配してくれる玉乃の親切心に感謝しながらも、その忠告を拒絶した。そして、実業界へと転出したのであった。

東京商法会議所の設立

栄一が官を辞して、実業界で活動するようになったとき、その大きな動機として、日本の商工業者の地位と意識が低すぎるので、これを向上させるということがあった。

明治十一年（一八七八）三月、栄一は伊藤博文、大隈重信と話し合って、東京商法会議所を設立して、その会頭におさまった。このとき、栄一の頭にあったのは、ヨーロッパの商法会議所に似せた機関をつくって、産業界全体のレベルアップをはかることであった。

東京商法会議所は、「商工業者の地位と意識を高め」、「立派な商工業者を育成」する目的のための組織であった。

栄一は、東京商法会議所に、商業裁判所の機能も付与しようと考えた。商業者が裁判官をつとめ判決をくだせるような自浄・自己処理システムをつくること、また、その判決の基礎となる調査能力を東京商法会議所にもたせようとしたのである。

商業者自身が自らを律することができるようになってはじめて、商業者の地位も高まる、そう考えたのである。

商業に従事する者が、商業の地位を高めると同時に、その人格と知識を向上させていくようでなければならない。栄一は、東京商法会議所を、既存の商業者に近代的な商業道徳を教えこみ、公利公益を目指すように指導していく機関とみなしていた。だから、東京商法会議所に大きな期待をよせていたのである。

政府はたびたび方針を変更したが、栄一は組織の存続・発展に尽力した。明治十四年（一八八一）、東京商法会議所は実質的に閉鎖となるが、政府実力者に働きかけ、明治十六年（一八八三）に東京商工会を設立して東京商法会議所の機能をすべて引き継いだ。そして、ついに明治二十三年（一八九〇）に商業会議所条例が公布され、東京商工会を閉鎖して翌二十四年（一八九一）一月に東京商業会議所が設立された。その後、東京商業会議所は、昭和三年（一九二八）に東京商工会議所に改称される。

栄一が、これほどまでに商業会議所の育成に打ち込んだのは、フランスで目にした、軍人のヴィレットと銀行家のエラールの対等でフランクな関係がその原点にあったと考えられる。商業者が軍人や政治家と対等な地位である社会をつくるというのがかれの目標であった。それを実現するために、才学徳業の人材を商業界にあつめ、商業道徳をうえつけ、商業者が道徳の見本とならなければならないと考えたのだろう。

なお、大阪では五代友厚が明治十一年（一八七八）に大阪商法会議所を設立し、初代会頭に就任している。五代は、第四章でも登場したが、元薩摩藩士で、長崎で遊学し、ヨーロッパを歴訪した。帰国後、大阪経済界再建に尽力した。

五代友厚
（国立国会図書館ウェブサイトより）

Episode 33

アメリカ人技師を詰問する

「いつまでもこんな調子じゃ、だめじゃないか。機械は最新のイギリス製をつかってるし、原料も君のいうとおりのものをそろえている。でも、できあがった製品はこのざまだ。つまり、君の技術がダメだからというほか

ない な」

栄一は、手にした紙を見せてこういった。

抄紙《しょうし》会社を経営するにあたって、イギリス人の機械技師とアメリカ人の製紙技師とを雇い入れた。だが、二人の技術は未熟だった。

とくにアメリカ人の製紙技師がひどい。

紙質は劣悪、すぐに切れてしまうというありさま。

栄一は毎日工場に向かうも、いっこうに品質はよくならない。

そこで、アメリカ人技師をつかまえて、このように詰問したのである。

「いいえ、私は間違ったことはしていませんが」

技師はこういうが、栄一はつづけていう。

「こんなことじゃ、君に仕事をまかせるわけにはいかない」

「私は悪くありません。職工たちが私のいいつけを守らないからです」

「それは違うな。職工たちは君の命令に服従してるじゃないか。それは、私自身が工場を見回っているからよくわかる。やはり、君の技術に問題があるんだ。

原料の質が悪いのか、それとも薬品の調合が悪いのか、ともかくそれでも君が正しいというなら、残念だがやめてもらうしかないな」

「ま、待ってください。そこまでいわれてしまっては、返す言葉もありません。実は、私にも原因がわからないのです……が、どこかにおち度があるのかもしれません。どうか一週間だけ待ってもらえませんか。それでもうまくいかなかったら、解雇されても文句はいいません」

技師の言葉を信じて一週間の猶予をあたえた栄一。

内心はとても不安であった。

そして、一週間後。

なんと、天のたすけか、技師の熱意か、できあがった紙は何とか製品として売り出せるものになっていた。

ただし、その品質はまだまだ低く、販路はきわめて限られていたのであった。

抄紙会社の経営

栄一が大蔵省をやめ、民間に下ったとき、第一国立銀行とともに、抄紙会社（製紙会社）も引きうけることになった。

大蔵省で紙幣類印刷用の国産洋紙が必要であること、また国の発展に新聞や書籍の印刷が不可欠であることを感じていた栄一は、三井組などと合本組織（株式会社）の会社の設立を計画していた。

目のつけどころ、将来の見とおし、国の発展への貢献など、申し分のないアイデアである。

ただ、そうしたことだけでは株式会社はやっていけないということに、栄一はすぐに気づくことになる。

まず、資本金が思うようにあつまらないという問題に直面した。栄一が民間人となって、直接経営にたずさわるようになると、資本金の払い込みを渋る株主が続出した。とくに、明治七年（一八七四）から翌年にかけての小野組と島田組の倒産は、会社のスタートさえ危うくさせた。

そこで、栄一は窮余《きゅうよ》の策として、自分が頭取をつとめる第一国立銀行から資金を借り入れたり、また栄一が自分で株式を買い取り、あとでこれを第三者に売却するようにしたりして、何とか資本を確保していったのである。

こうして、ようやく資本を確保して、抄紙会社をスタートさせる。だが、明治八年

（一八七五）、王子に工場を竣工するも、順調にはいかない。外国人技師を雇い、すべて輸入技術にたよっていた。その雇い入れたイギリス人の機械技師とアメリカ人の製紙技師の技術が未熟だったのだ。

どうにか、製品にすることはできるようになったが、品質は劣悪であった。その後、製紙会社と社名を変更するが、あいかわらず製品の品質は悪いままである。そんな状況であったが、明治九年（一八七六）から、政府からの地券用紙の発注が大量にあった。この官需にささえられ、製紙会社はようやく配当にこぎつけた。だが、それでも技術上の問題はなかなか解決できず、商品として通用する洋紙は製造できなかった。

そこで、製紙技術を習得させるため、大川平三郎を渡米させ、帰国後ようやく品質の向上をはかることができたが、利益を出すまでには十年近くかかった。

その後、製紙会社は、明治二十六年（一八九三）に王子製紙株式会社と改称するのであった。

東京海上保険会社の設立

地租改正によって、地租が米納から金納にあらためられた。この金納制度は、次のようなしくみにもとづいていた。

地方で集約された米が東京や大阪の米穀取引所に運送される点は江戸時代と同じであるが、金納制度により、農家は米を仲買業者に手渡した時点、もしくはその直後に代金をうけ取ることになった。その結果、仲買業者は、うけ取った米を抵当として銀行などの金融業者から資金を借り入れて、まず農家に支払う。次に、米を船に積んで東京や大阪の取引所に運送する。

このしくみでは、もし、米を積んだ船が事故にあった場合、仲買業者や金融業者は多大な損害をうけることになる。だから、栄一は保険という制度が必要であると考えていた。

そこで栄一は、華族出資団に海上保険会社の創立を強くすすめた。当時、華族出資団には東京横浜間の鉄道払い下げが中止になって宙に浮いた共同出資金があり、第一国立銀行の頭取である栄一は、その出資金に関する相談をもちかけられていたのである。

栄一は、海上保険の概念を華族に説明し、説得するために、危険を分散することの大切さを説いた。だが、「危険というのは悪いものなのに、それを保険で守るとは何事か」などといわれ、反対する者も多かった。

そこで、もっともリスクが低いプランを作成させ、慎重な計画を用意して、ようやく華族の賛同を得ることができた。

こうして、明治十二年（一八七九）、華族出資団は三菱の岩崎弥太郎の資本参加を得て東京海上保険会社を設立した。栄一は相談役としてくわわった。

同社は設立と同時に香港と上海に、明治十四年（一八八一）にはロンドン、パリ、ニューヨークに支店をつくり、営業活動を行っていった。

その後、第一次大戦中の貿易の進展と海運業の発展にともない、海上保険に対する需要は大きくのび、好業績をあげ、大正七年（一九一八）には東京海上火災保険株式会社と商号を変更した。

この東京海上保険会社の設立では、栄一は岩崎弥太郎と手を組んだが、その後、対立することになるのであった。

Episode 34

岩崎弥太郎との論争

「これからの**事業**は、いったいどのように**切**りもりしていったらよいとお考えでしょうか」

明治十一年（一八七八）の夏、栄一は三菱の岩崎弥太郎から料亭に招待され、その席でこうたずねられた。

「そりゃあ、欧米の経済の発展を見てもわかるように、合本法を大いに普及させるしかありませんな。合本法こそが、国を富ませ、民のふところを豊かにする方法でしょう」

栄一は、率直に、原則を曲げずにこういった。

「合本法ですか。それでは、船頭多くして、船、山にのぼることになりはしませんか。事業というのは、あくまでひとりの才能ある人間が経営も資本も独占して行うべきだと思うのですが、いかがなものでしょう」

岩崎はこう食い下がってくる。

「たしかに、才能のある人間を経営者にするのは賛成ですな。だが、資本と経営は分離するのが原則でしょう。その点、合本法は、その資本をあつめるにも、また利益を多くの出資者に還元するのにも適していますからね」

「渋沢さんは、合本、合本とおっしゃるが、そんなものは理想論にすぎないんじゃありませんか。事業をやろうとする人間はですな、自分が会社を経営して、その利益を独占できるからこそ、一生懸命に働くんです。そうじゃありませんか」

岩崎は傑出した人物であるが、かれの目にあるのは、三菱のみ。

天下国家は二の次。というより、三菱を強くすることこそが、すなわち日本の産業を強くすることになると信じている。

さらに岩崎はこうつづける。

「渋沢さんもいつまでも合本法なんかにこだわっていないで、いっそ私と手を組みませんか。

そうすれば、天下に敵なし。日本の実業界は二人の思いのままに動かせます。かたい理屈はぬきにして、これからは二人で協力していこうじゃありませんか」

栄一は、岩崎が自分とは真っ向から対立する資本主義観のもち主であることを認識した。

栄一は、なじみの芸者に目配せして、かわやに立つふりをして、別の料亭に逃げ込んでしまった。

岩崎が、いつまで経っても戻ってこない栄一に腹を立てたのはいうまでもない。

この先、二人の対立はにわかに表面化し、確執がはげしくなっていくのであった。

郵便蒸気船会社と三菱

日本は海洋国家だから、海上運送がその主役を担わなければならないにもかかわらず、明治初年において海運は立ち遅れていた。そこで、政府は豪商たちの資本で廻漕《かいそう》会社（船舶で旅客や貨物を輸送する会社）をつくらせたが、まったくうまくいかなかった。

そこで、栄一は、明治四年（一八七一）に廃藩置県が断行されたのをきっかけに、新たな海運会社を立ち上げるための指導を試みた。郵便蒸気船会社の設立である。

ところが、その郵便蒸気船会社がいっこうに業績をあげない。三井などの民間の資本も入っていたが、実質上、政府の会社であるため、経営管理も顧客サービスも悪いといった状態であったからだ。

さらに、郵便蒸気船会社がふるわない大きな理由がもう一つあった。それは、岩崎弥太郎が起こした三菱会社が、すべての面で郵便蒸気船会社を圧倒していたことである。顧客が三菱会社に奪われていたのだ。

岩崎弥太郎は、土佐に生まれ、土佐藩の下級役人として長崎で働いているときに貿易商のグラバーと知り合い、商業のノウハウを吸収し、頭角を現していく。土佐藩が払い下げた三隻の汽船を買い取り、土佐から大阪、東京へと運送をはじめたのが海運に乗り出すきっかけとなる。

明治六年（一八七三）、三菱商会を設立するや、その巧みな経営手腕で、たちまち市場を奪い、郵便蒸気船会社を不振に追いやったのである。

明治七年（一八七四）、台湾への出兵のさいには、郵便蒸気船会社と三菱が軍の輸送や兵糧の輸送に従事したが、お役所仕事の郵便蒸気船会社より三菱のほうが行き届いており、はなはだ成績がよかった。

政府は、損失ばかり出している郵便蒸気船会社の面倒を見ているよりも、民間の三菱のほうを保護して発展させたほうがよいとして、郵便蒸気船会社を解散して汽船を三菱に払い

岩崎弥太郎
（国立国会図書館ウェブサイトより）

下げてしまった。

その裏で岩崎は、当時の大蔵卿大隈重信に近づき、接待攻撃をしかけていた。巧みな裏工作によって大隈を取り込んでいったのである。

その後、個人経営であった三菱商会は、郵便汽船三菱会社と名称を変更し、ほとんどの海運を独占するようになっていったのである。

さらに、三菱の寡占状態を加速させたのが、明治十年（一八七七）の西南の役である。西南の役が起きると、政府は三菱に七十万円をあたえて十隻の汽船を購入させた。三菱はこの船を稼働させ、一千万円超の巨額の利益を得たのである。

岩崎の三菱は、海運業ばかりか、炭鉱や造船などにも手をひろげていった。

そんな岩崎から栄一のもとに招待状が届いた。明治十一年（一八七八）の夏、向島の料亭に行き、岩崎から手を組まないかといわれる。だが、栄一は相手にしなかったのである。

岩崎三菱との死闘（前半戦）

大隈の経済政策を背後であやつり、ひとり利益をふくらませている岩崎三菱に対して、栄一は反感をつのらせていくようになる。

また、三菱に対してうらみを抱いていたのは、栄一ばかりではなかった。郵便蒸気船会社の民間側の最大の出資者だった三井である。三井は会社をつぶされたことはもちろん、海運を独占する三菱がたびたび運賃を値上げしたので、商品コストが上昇して困り果てていたのだ。

よって、対立の関係は三菱VS渋沢・三井という様相を呈していく。

経済のために三菱をたたいておかなければならない、栄一はそう決意した。

そして、栄一は、幕臣時代からの知り合いで、明治六年(一八七三)に大蔵省から民間に転出した三井物産社長の益田孝と相談し、東京風帆船《ふうはんせん》会社を設立した。三井のほか、伊勢、越後新潟、越中などの地方の富豪も株主とした。社長には、遠武《とおたけ》秀行を立てたが、実際には、栄一が指令を発していた。

東京風帆船会社の設立に対して、当然、岩崎の三菱は反撃に出る。

一つは、御用新聞に設立反対キャンペーンを展開し、さらには栄一に対する風評記事を掲載した。

もう一つは、東京風帆船会社の株主公募に応じた地方の富豪の直接の切り崩しである。とくに、米どころの荷主が多い越中越後では熾烈なものがあった。有力者のもとに、旧藩主の前田家に仕えていたことのある三菱の社員を送って、旧藩以来の縁故によって説きふせ、東京風帆船会社とはまったく別に越中風帆船会社をつくらせた。

また、新潟でも「富豪たちに新潟物産会社を設立してはどうか」、「三菱が低利で融資をしよう」、「政府が御用米を買い入れるときには、新潟米を引きうけさせてやろう」というように巧みに勧誘をして三菱の陣営に引き込んでいったのである。

こうした岩崎の工作が各地でうまくいったため、東京風帆船会社はようやく開業にこぎつけたものの、たちまち倒産の危機にさらされることになった。

対決の前半戦は、三菱側の圧勝で終わったのである。

Episode 35
熾烈な値下げ競争

「行け、走れ、負けるな！」

「やあ、ぬかれたぞ」

と、**客はデッキにあつまって、無責任な応援で大騒ぎ。**

海運界は、大混乱におちいっていた。

共同運輸と三菱、たがいに客の取り合いである。
とくに神戸・横浜間の両社の共通の航路はたいへんな騒ぎとなった。
運賃は七十五銭となっていたが、たがいに値段を下げる、はげしい値下げ合戦。
しまいには、タダで手ぬぐい一本までつけるというありさま。
「行け、行け！」
両社の船が一斉に神戸を出航すると、どちらが先に着くかで、客も船長も大興奮。
そろばん勘定そっちのけ。やけくそになって石炭は釜に投げ込まれる。
両社、負けていられない。
海上でのマラソン競争、つづくこと数時間。
紀州灘まで来ると、ボイラーの火力で煙突は真っ赤に焼ける。
「いやあ、ストーブ代わりになるな」
と、のんきにいってられないような、灼熱の暑さ。
これをはるか陸上から見てみると、火竜が先を争って走っているようであった。

海上でのマラソン競争ならまだいいが、値下げ競争のほうも歯止めがきかなくなり、相手が倒れるまではと頑張りつづけた。

その結果、あっという間に、両社の赤字は数十万円にも達したのであった。

岩崎三菱との死闘（後半戦）

三菱側の圧勝であった状況が、突如、一変する。

明治十四年（一八八一）、国会開設・憲法制定をめぐる政府内部の対立から、大隈重信が免官されるという、明治十四年の政変が起きた。

この大隈の退陣によって、岩崎の三菱は政治的な後ろ盾を失ったのである。

反対に、伊藤、井上と密接な関係にあった三井と栄一には大きなチャンスがめぐってきた。

明治十五年（一八八二）、東京風帆船会社を中核として他の二社が合併し、栄一を発起人とする共同運輸会社が設立されることになった。設立にあたっては、農商務大輔に就任した品川弥二郎が共同運輸を強力にバックアップした。

劣勢に立たされることになった岩崎の三菱は、負けてたまるかと全三菱をあげて、背水の陣をしいた。

三井と栄一の連合軍である共同運輸は、明治十六年（一八八三）に開業するや、岩崎・三菱を打倒する絶好のチャンスとばかり、猛烈な値下げ攻勢をかけた。

共同運輸と三菱の激しい値下げ競争によって、両社の赤字はまたたく間に数十万円にもなった。

この競争は三年越しにもなるが、この間に、岩崎は栄一の合本法を逆手に取って、共同運輸の株式を買い占めて、資本を手に入れることで勝負の決着をつけようとした。だが、資本はつづいても、かれの寿命がつづかなかった。明治十八年（一八八五）二月、岩崎弥太郎はこの世を去る。

三菱は、二代目社長となった岩崎弥之助が創業者の遺志を継ぎ、なおも戦いを続行した。このような並々ならぬ闘志を見せたため、このままでは共倒れとなるおそれもあるとして、政府が仲裁に入った。レフリーストップである。対決の後半戦は引き分けに終わった。

死闘はついに決着がつかず、明治十八年（一八八五）十月、両社は合併して日本郵船会社が誕生したのである。栄一は、その取締役に名をつらねた。

紡績事業を立ち上げる

西南戦争後の明治十二年（一八七九）、綿織物の輸入量が増大したため、栄一はこれに危機感を抱いた。生活消費財は輸入するのではなく、自国で生産して、輸出をねらうようにしなければならないと考えたのである。

栄一は、木綿の卸問屋を手広く営む豪商たちに働きかけるのと同時に、財界の有力者の賛同を取りつけて株主になってもらい、大阪に巨大な紡績会社を設立することにした。

会社設立の資本金には、華族資金団の鉄道払い下げの共同出資金の残余資金もあてた。東京海上保険会社に全額をつぎ込むのは危険ということで、別の事業にまわそうと残しておいたのである。

多くの資本をあつめ、はじめから大きな規模で紡績会社をスタートさせることにしたのには理由があった。同時期に設立された政府の工場の失敗を研究していたからである。政府は、紡績事業の奨励のため、設立費用を機織家に交付して工場を川べりにつくらせた。ところが、これがほとんど機能しなかったのである。

栄一は、この失敗例を見て、木綿の卸問屋などに相談して、紡績会社は大量に生産できる能力がなければ、採算が取れないという結論に達した。政府の工場はそれほど大きな規模でなかったのである。そこで、最初から大量に生産できる巨大な会社を設立すると決意したのであった。

だが、資本をあつめることにめどが立っても、肝心の紡績事業を具体的にどのように行っていけばよいかは、素人の栄一には見当もつかなかった。だから、だれか紡績事業にくわしい人材をスカウトするしかなかった。

外国人の技師を招いてまかせるという方法もあったが、製紙会社で失敗した苦い経験があったので、その方法は取らず、留学生を送り出して一から紡績業を学ばせようと考えた。

ただし、留学生をえらんで外国に派遣するのではなく、すでに外国にいる留学生をこの方面にさそい込もうとした。

栄一は、イギリスに留学中で経済学を学んでいる山辺丈夫《やまのべたけお》に話をもちかけた。山辺にこれから設立する紡績会社の経営・技術移転の中心的存在になるよう説得したのだ。山辺はこの依頼をうけ、栄一から一千五百円の資金援助を得て、キングス・カレッジで機械工学を学び、マンチェスターの紡績工場で紡績業の実務を学んだ。

山辺は、わずか一年余りのうちに、紡績業のすべてをマスターして、明治十三年

（一八八〇）に帰国した。

栄一は、とりあえず技師として山辺を採用し、会社設立のための調査や人材の採用など一切をまかせた。山辺は当初、政府の紡績工場と同じように水車を動力としてつかおうと考えていたが、工場建設に適した川べりを探したものの、大動力を動かすほどの水源を見つけることができなかった。そこで、動力は蒸気をつかうことに決め、原料や製品の搬入に便利な大阪の三軒家に工場を建設することにした。この決定がのちに大阪紡績の大発展へとつながる。

明治十五年（一八八二）、山辺は大阪紡績の設立と同時に工務支配人に就任、のちに社長となる。

操業を開始した同社は、最初のうちこそトラブルに見舞われたものの、山辺がイギリスで紡績業を研究してきたかいがあった。いったん生産が軌道に乗ると、大工場の威力はすさまじく、苦戦をつづける政府の工場をしり目に、業績をどんどんのばしていったのである。

こののち、大正三年（一九一四）には、栄一のあっせんにより、同社は三重紡績と合併し、東洋紡績が創設された。

「官」の払い下げに反対する

「渋沢さん、私と共同して、ガス事業を払い下げてもらおうじゃありませんか」

一代で浅野財閥を築いた浅野総一郎《あさのそういちろう》がこうもちかけてきた。

瓦斯《がす》局に石炭をおさめていた浅野は、瓦斯局が運営しているガス事業を民間に払い下げようとしているという話を聞きつけた。

そして、府議に手をまわして自分に払い下げてくれるようたのんでいたのだ。

そこで、かねて懇意にしていた栄一のところにやってきたのである。

「いまは、まだその時期ではないよ」

「その時期ではないとは」

栄一は、浅野にこう説明する。

「これまで、この事業のために、瓦斯局は多くの金をつかっている。これは東京府民の金で、府民に返さなければならないものだ。それをタダ同然の捨て値で払い下げるわけにはいかない。

東京府はガスが電気に圧迫されると悲観しているが、ガスは有望な事業だ。将来性がある。だが、その経営を府が行ったほうがいいのか、民間にまかせたほうがいいのか、それは考えなければならない。

ただ、いま経営不振だからといって民間にゆだねるとなると、タダ同然の捨て値で払い下げなければならないことになる。それでは、府民の金を無駄づかいすることになるだろう。

ちゃんと経営が成り立つようになって、これまでつかった金を回収し、そのうえで正当な値段で払い下げるというなら、払い下げてもいいだろう」

「なるほど、だからいまはまだその時期ではないんですね」

その後、栄一は、この事業に打ち込み、ようやく黒字を出すまでに至る。

栄一は、「官」の安易な「民」への払い下げには、断固反対であったのである。

電灯とガス灯とのかかわり

栄一は、経済のインフラ整備に尽力したが、近代化のシンボルの一つ、電気、ガス事業にも関係している。

操業開始から一カ月しか経っていない大阪紡績は、早くも夜間操業を開始する。機械を稼働させていれば、どんどん利益があがるのだから、操業時間をできるだけ長くしたかった。

だが、この当時は、夜間の照明に石油ランプがつかわれていたので、火災の危険がつねにつきまとっていたのである。だから、安全な照明器具が強くもとめられていたのだが、このとき、たまたま日本へ電灯の導入をはかっていたのが栄一だった。

明治十五年（一八八二）、栄一は大倉喜八郎《おおくらきはちろう》（大倉財閥の創始者）や横山孫一郎らとともに発起人となり、東京電灯会社の設立を出願し、設立が進められていた。栄一は同社経営の中心的な存在ではなかったが、委員や相談役として尽力した。

そして、明治十九年（一八八六）に東京電灯会社は開業にこぎつけ、翌年からは東京府の各地に電灯が灯《とも》されたのであった。

東京にガス灯の導入が検討されたのは、明治四年（一八七一）のことである。当時の東京府知事が、府の共有金をあててガス製造と供給のための機械一式を輸入したことにはじまる。だが、機械の到着したころには計画は中止となり、機械は倉庫に放置されることになった。

ところが、明治六年（一八七三）に、機械を放っておくのはもったいないという声があがり、府内に五百基のガス灯が設置されることになり、明治七年（一八七四）から営業を開始した。ガス灯は盛り場に多く設置され、東京の夜を格段に明るいものにした。

その後、ガス事業は東京府の直轄にうつされ、東京瓦斯《がす》局がこれを運営することになった。だが、その当時のガス製造の能力は低く、ガス料金が割高となって、利用者は増加せず、収支は赤字つづきとなった。

栄一は東京府の営繕会議所委員をつとめていた関係で、東京瓦斯局事務長を委嘱され、料金を低くおさえようとするなど、さまざまな努力をしたが、瓦斯局の収支はまだ赤字のままであった。

おまけに、電灯という強力なライバルの出現である。東京府は、このまま事業をつづければ、赤字はさらに拡大すると考え、明治十四年（一八八一）には、ガス事業から撤退する方針を打ち出した。民間への払い下げ価格は、ほとんど捨て値であった。

栄一は、これに断固反対であった。東京府はすでにガス事業に二十万円近くの多額の資金を投じてきたが、ここに来て、ようやく需要は増加し、あと数年で黒字化できるめどもついてきた。ここで、捨て値で払い下げれば、貴重な税金をすべてどぶに捨てることになる。黒字化してから適正な価格で払い下げれば、東京府も損失をこうむらずにすむと主張した。

この意見は、府知事や府会の委員にも承諾されて、払い下げは中止となり、栄一が事業を担当することになった。

そして、明治十七年（一八八四）には、ついに利益を出せるようになった。これで、民間に払い下げることができるようになったのである。

こうして、明治十八年（一八八五）、東京府瓦斯局の払い下げをうけて、栄一と浅野総一郎が中心となって東京瓦斯会社を設立したのである。

約五〇〇もの企業にかかわる

栄一は、明治六年（一八七三）に第一国立銀行を設立して以来、生涯に約五〇〇もの企業にかかわったといわれている。

これまで紹介してきた企業は、栄一の業績のほんの一部にすぎない。実にさまざまな産業にかかわってきたのである。

栄一がかかわった企業の業種は、金融、交通・通信、商工業、鉱業、農牧林水産業と広範囲におよび、商工業の種類も、繊維業から窯業、食品、造船、化学、ホテルなど多岐に渡っており、現在も日本経済の中心となっている企業が多く見られる。

このように栄一は、近代日本の実業界をけん引し、その発展に尽力してきたのである。

十代のときの思い。

「立派な人物となって、この国をよくしたい、役に立ちたい」

この思いは、経済人、実業家として実現し、その役割を十分に果たしたのである。

また、栄一の感化・影響は大きく、かれの思想的支柱である道徳経済合一説は、いまなお日本の財界に生きつづけているといえよう。

晩年、栄一は、国際親善などの活動に力を入れた。とくに、緊張が高まっていた日米関係の改善に心血を注ぐなど、精力的に活動に取り組んだのである。

そして、昭和六年（一九三一）十一月十一日、王子・飛鳥山の自宅で死去した。享年九十二。時代がもとめた栄一は、その時代に多大な功績を残したのであった。

渋沢栄一に学ぶ

―**公利公益を追求する**―

栄一は、あくまで**公利公益**を追求した。私利私欲に走らず、国家・社会のために商工業を発展させて、わが国の殖産興業と富国強兵をはかることを目的に活動をした。

「およそ事業は、社会の多数を益するものでなければならない。その経営者一人がいかに大富豪になっても、そのために社会の多数が、貧困に陥《おちい》るようなことでは、正常な事業とは言われぬ。その人もまたついにその幸福を永続することができない」

『渋沢栄一訓言集』（実業と経済）

社会全体が豊かになってこそ、個々人の真の幸福が長くつづくのである。企業は利益を追求するが、その利益が企業だけの利益、あるいは個人だけの利益としてはならないと戒めている。

「公利公益を図るが、すなわち道徳である。
私利私益のみを心掛けるのが、すなわち不道徳である。
不道徳の行いは、多く貧困の原因となるものである」
「わが利益ばかりを図るとともに、人の利益をも図るが、
公利公益である」

『渋沢栄一訓言集』（道徳と功利）

自己の利益をもとめるとともに、公《おおやけ》の利益をも追求しなければならない。自己の利益に走りがちになるものである。忘れてはならない言葉である。

―道徳経済合一の思想―

道徳経済合一は、栄一の思想の大きな支柱である。
孔子は、不義により豊かになることを戒めたのであり、義にかなった利は、君子の行いとして恥ずべきことではない、と栄一は説いた。

「いかに仁義道徳が美徳であっても、
生産殖利を離れては、真の仁義道徳でない。
生産殖利もまた仁義道徳に基づかざれば、
決して永続するものではない」

『渋沢栄一訓言集』（道徳と功利）

資本主義社会では、道徳と経済の両輪がまわらなければならない。
市場経済において、私利私欲を追求するだけでは、競争は激化し、弱肉強食の世界となる。**道徳と経済の一致**は、競争を「平熱」に保ち、健全な資本主義社会を維持する、精神的な抑制装置の役割も果たすのである。

「競争を譬えてみれば、あたかも人体の熱のごときものである。
人間を活かすも殺すも熱である。
商人を活かすも殺すも競争である。

ゆえに商人は常にその平熱を保つことに注意せねばならない」

『渋沢栄一訓言集』（実業と経済）

栄一は、競争を否定はしない。というよりも、競争については第一章でも触れたが、「善意の競争は、商売繁昌の基である」『渋沢栄一訓言集』（実業と経済）としているように、かえって適正な競争をすすめている。

ただし、競争が加熱しすぎると、さまざまな弊害をもたらし、悪い結果を招くことになる。

あくまで「平熱」を保たなければならない。今日の競争社会にあっても、当然いえることであろう。

― 官尊民卑の打破と武士の魂 ―

官尊民卑の打破は、栄一の生涯を通じての理想であり、目標であった。

十七歳のときの陣屋での屈辱的な事件は、「官」を打ち負かすためには、「民」が主導権を握らなければならないと考えはじめるきっかけとなった。

その後、パリ滞在中、「官」である軍人のヴィレットと、「民」である銀行家のエラールの対等なすがたを見て、民間経済人の地位向上が近代化には不可欠であると確信した。

だが、明治の世になっても、日本では官尊民卑の風潮はますます強くなっている。

そこで栄一は、商業に従事する者が、商業の地位を高めると同時に、その人格と知識を向上させていくようでなければならないと考えた。

「商業に従事する者が、その商業の地位を進むると同時に、またその人格と知識とを、向上せしめて行くようでなくては、いや増しに国家の繁栄を期し、富強をはかることはできない」

『渋沢栄一訓言集』(実業と経済)

栄一は、東京商法会議所を設立し、既存の商業者に近代的な**商業道徳**を教えこみ、公利公益を目指すように指導して、立派な商工業者を育成しようとした。

「営業上の行為が、すべて道理正しく、誠実に処理されるならば、
それがすなわち真正なる商業道徳である」

『渋沢栄一訓言集』（道徳と功利）

すべてにおいて、人の行うべき**正しい道**からそれることなく、私利私欲をまじえず、真心をもって事にあたる、これが**真の商業道徳**であると説く。

そして、商工業者の道とはどのようなものか。

「武士道は決して、武士の専有ではない。
およそ文明国における商工業者の拠って立つべき道も
またここに存するのである」

『渋沢栄一訓言集』（道徳と功利）

つまり、**武士道**なのである。栄一は、武士以外の農工商の民に**武士の魂**をあたえようと考えた。

では、栄一にとっての**武士道**とはどのようなものか。

「**武士道の神髄は、正義、廉直《れんちょく》、義俠、敢為、礼譲等の美風を加味したもので、わが国の精華である**」

『**渋沢栄一訓言集**』（**道徳と功利**）

正義を貫き、私欲がなく正直で、弱き者をたすけ、何事も屈せずにやりとおす。そして、礼儀正しく謙虚である。こういった美しいならわし、それが**武士道**の神髄であるという。

「**いまや武士道は移してもって実業道とするがよい、日本人は飽くまで大和魂の権化たる武士道をもって立たねばならぬ**」

『**論語と算盤**』（**実業と士道**）

明治の世においては、**武士道**をもって、これを**実業道**とする。
令和の現代においても、通じるものがあるだろう。

―合本法と信用―

栄一は**合本組織**の必要性を強く感じていた。**合本法**は、公益の追求を事業の目的としてかかげ、その目的に賛同する人々から広く資金をあつめ、事業を行うための組織をつくる。そして、その目的をよく理解し、実行できる人材をえらび、経営にあたらせる。その組織が経済活動を通じて利益をあげて、国や社会を豊かにするというものである。

「何業を営むにも、人望ほど大切なるものはない。
何事につけても、一人一個で能事了《おわ》れりとする時代は、疾《と》くに過ぎ去りて、
社会の進歩とともに、多数の力、大勢の人を牽《ひ》き付けることが、
最も大切の時代となった。
商売上においてはこれを人気と称《とな》える。
而《しこう》してこの人気の有無は、ただちにその信用の有無を卜《ぼく》するに足る」

『渋沢栄一訓言集』（実業と経済）

現代においても、また将来においても、多数の力、大勢の人をひきつけることが大切なことは同じであろう。そして、他者をひきつけるには、**信用**があるかどうかが問題であるという。まさにそのとおりである。いつの時代も**信用**は欠かせない。

あらためて肝に銘じておきたい。

「信用は漫然購《あがな》い得べきものではない。
学識あり、才能あり、人格あり、
その言と行いを認められて、
はじめて与えられるものである」

『渋沢栄一訓言集』（実業と経済）

補章 仁愛

「人は尊卑を通じて、同情心がなくてはならない。
しからざれば人にして人でない。
同情心というは、すなわち思いやりの強い心である。
例えば困窮の人を観ては、
己《おの》れの身に引き較べて、惻隠《そくいん》の心を起こすごときである」

『渋沢栄一訓言集』(処事と接物)

Episode 37

命を惜しまず万人のために

「二十万人もの苦しんでいる人たちがいるのです。法律の早期実施に向けて、働きかけをお願いできませんでしょうか」

栄一、九十一歳のときのことである。

かれが風邪をこじらせて臥《ふ》せっていたところに、社会福祉団体の代表者たちが面会をもとめてきた。

用件は、寒さと飢えて苦しんでいる人たちが二十万人もいるので、政府は救護法を制定した。だが、予算の裏づけがないので、いっこうに法律は施行されない。

栄一から働きかけてもらえないかというものであった。

栄一は、熱のあるからだに羽織をはおって、静かに聞いていたが、やがて強くうなずいてこういった。

「みなさんのお気持ちはよくわかります。老いぼれの身でどれだけお役に立つかわかりませんが、できる限りのことはいたしましょう」

そして栄一は、すぐに自動車を用意させて、大蔵大臣と内務大臣にこれから伺うと電話をかけさせた。

これには、家族が猛反対。

「熱のあるおからだで、外出されるのは危険です」

主治医もこういってとめたが、栄一はこう反論する。

「こんな老いぼれが養生しているのは、せめてこういうときの役に立ちたいからです。もし、これがもとで私が死んでも、二十万人の不幸な人たちが救われるなら本望ではないですか」

これには、家族も主治医もかえす言葉がなかった。

仁愛の精神

これまで渋沢栄一の生涯について見てきたが、かれは経済活動だけに専念したわけではない。教育、福祉、医療などの幅広い社会公共活動にも積極的にかかわり、支援している。ここで補章として、簡単に触れておきたい。

まず、その代表的な活動の一つとして、東京養育院があげられる。東京養育院は、明治五年（一八七二）、身寄りのない子どもや貧しいお年寄り、障害のある人などを救済する目的で創設された公的福祉施設である。

栄一が養育院にかかわったのは、会頭をつとめていた東京会議所の管轄であったためで、まったくの偶然であった。明治七年（一八七四）に東京養育院事務掌理、そして明治九年（一八七六）には院長となり、九十二歳でなくなるまで院長をつとめた。

当時は、公金をつかって貧窮者をたすけるのは、なまけ者を増やしかねないという反対論が根強かった。だが、栄一は論語の教えから、政治は「仁」を行うことが肝要で、貧窮者をたすけ、貧富の格差をなくすことは公益であると訴えつづけたのである。

栄一は、女子教育にもかかわっていた。明治十九年（一八八六）に伊藤博文を委員長とする女子教育奨励会創立委員会が結成され、その創立委員にくわわったことが、そのきっかけである。

栄一は、国際化に対応できる知性豊かな気品ある女性を育てることに期待をし、寄付活動と講演等により、女子教育を主に財政面から支え、明治二十一年（一八八八）開校の東京女学館の創立に積極的にかかわった。

また、明治三十四年（一九〇一）、「女子を人として、婦人として、国民として教育する」という教育方針をかかげた日本女子大学校の設立にあたり、多額の寄付を行って創立に尽力するとともに、数多くの講演を行っている。

栄一は経営者であったが、労使協調運動にも尽力した。労働者の環境や地位の向上をもとめて、大正元年(一九一二)に鈴木文治が創設した労働者団体の友愛会の活動を支援した。

また、大正八年(一九一九)、資本家と労働者との協調をはかるための財団、協調会の設立にも参加し、副会長となっている。社会における各階級、とくに資本家と労働者が平等な人格に立って、正当な権利を尊重することをもとめた。

一般に、明治期の資本家・経営者は、労働者をひとりの人間として人格を尊重するなどという姿勢はほとんど見られなかった。だが、栄一は先進的な思想により近代的な資本と労働の関係を目指したのである。

栄一は、民間外交にも積極的に取り組んでいた。日露戦争以前から大正期にかけて四回渡米するなど、日米両国の架け橋となり、日米親善に大きく貢献している。

また、大正五年(一九一六)、日米関係委員会の常務委員となり、日米移民問題の解決に民間の立場から尽力した。しかし、大正十三年（一九二四）に排日移民法が成立したことにより、日米間にふたたび緊張感がもたらされた。

栄一は、排日移民法の阻止に全力で取り組んでいたシドニー・ギューリックから手紙をうけ取った。当時宣教師として日本に滞在していたギューリックは、日本には古くから「ひな祭り」や「五月人形」など人形文化が根づいていることに着目した。そこで、友情のしるしとして米国の子どもたちから日本の子どもたちへ「親善人形」を贈り、日米の親善と交流をはかろうと提案した。

これに異存があるはずもなく、栄一はギューリックの提案に重要性を感じ、日本国際児童親善会を設立し、日本側のうけ入れの代表となった。栄一は、同会長として、この提案に日本政府が全面的に協力するよう働きかけた。

昭和二年（一九二七）一月以降、米国から約一万二千体の親善人形が日本に届いた。栄一は、日米親善の希望を親善人形に託し、自ら日本各地をまわった。この人形は「青い目の人形」と呼ばれ、多くの日本人に親しまれた。日本からは「答礼人形」として市松《いちまつ》人形五十八体を米国に贈った。

こうして、当時としてはとてつもなく遠く離れた異国の地にいる子どもたちの心を結びつけたのである。

死の直前まで、栄一は請《こ》われると、社会事業や親善事業への協力を惜しまなかった。

「**慈善の意義**たる、
其根本は**愛の心**に**外**ならぬ」

『渋沢栄一訓言集』（慈善と救済）

栄一は、仁愛の精神を胸に、命を惜しまず万民のために尽くしたのである。

「**紳士**すなわち**英語**の **Gentleman** とは、
理想的人格の**意味**であって、
論語にいわゆる**君子**はすなわちそれで**ある**」

『渋沢栄一訓言集』（処事と接物）

そして、栄一は真の Gentleman であった。

「智者は自ら運命を作ると聞いているが、
運命のみが人生を支配するものでは無い、
智恵がこれに伴って
始めて運命を開拓することができるのである」

「とにかく人は誠実に努力黽勉《びんべん》して、
自ら運命を開拓するがよい、
もしそれで失敗したら、
自己の智力が及ばぬためと諦め、
また成功したら智恵が活用されたとして
成敗に関わらず天命に托するがよい、

かくて敗れても飽くまで勉強するならば、
何時《いつ》かは再び好運に際会する時が来る、
人生の行路は様々で、
時に善人が悪人に敗けたごとく見えることもあるが、
長い間の善悪の差別は確然とつくものである、
ゆえに成敗に関する是非善悪を論ずるよりも、
先ず誠実に努力すれば、公平無私なる天は、
必ずその人に福《さいわい》し運命を開拓するように
仕向けてくれるのである」

『論語と算盤』（成敗と運命）

渋沢栄一 略年譜

西暦	和暦	年齢	主な出来事	日本と世界の動き
一八四〇	天保一一	一	二月一三日、武蔵国榛沢郡血洗島村に誕生。	アヘン戦争
一八四五	弘化二	六	このころ、父から三字教などを教わる。	
一八五六	安政三	一七	父の代理で岡部藩の陣屋で用金の命をうける。代官に反発。武士になり国をよくしたいと決意。	
一八五八	安政五	一九	従妹の千代（尾高惇忠の妹）と結婚。	日米修好通商条約、安政の大獄
一八六一	文久元	二二	春、従兄の渋沢喜作と江戸に遊学する。	
一八六三	文久三	二四	高崎城乗っ取り、横浜焼き討ちを計画するも、激論の末計画を中止する。喜作とともに京都に出奔する。	
一八六四	元治元	二五	京都で平岡円四郎からすすめられ、喜作とともに一橋慶喜に仕える。篤太夫と改名する。	池田屋事件、禁門の変、第一次長州征討
一八六五	慶応元	二六	一橋家歩兵取立御用掛を命ぜられ領内を巡歴。備中で阪谷朗蘆を訪問。	
一八六六	慶応二	二七	徳川慶喜が将軍となり、栄一は幕臣となる。	薩長連合、第二次長州征討

一八六七	慶応三	二八	徳川慶喜の弟、徳川昭武に従いパリ万博使節団としてフランスに渡航。欧州各国をめぐる。	大政奉還、王政復古の大号令
一八六八	明治元	二九	明治新政府から帰朝命令をうけフランスより帰国。静岡で慶喜に面会。	戊辰戦争
一八六九	明治二	三〇	静岡で商法会所を設立、頭取となる。新政府に仕官、民部省租税正、改正掛長を兼務。	版籍奉還 東京・横浜間に電信開通
一八七〇	明治三	三一	制度取調御用掛兼務、大蔵少丞。	
一八七一	明治四	三二	井上馨が上司となる。大蔵大丞。紙幣頭兼任。	廃藩置県
一八七二	明治五	三三	大蔵少輔事務取扱。抄紙会社設立出願。	新橋・横浜間鉄道開通 国立銀行条例制定
一八七三	明治六	三四	大蔵省を退官する。第一国立銀行創立・開業・総監役。抄紙会社創立（のちに王子製紙会社・取締役会長）。	地租改正条例制定
一八七五	明治八	三六	第一国立銀行の頭取。東京会議所会頭。	
一八七六	明治九	三七	東京府瓦斯局事務長。養育院事務長（のちに院長）。	
一八七八	明治一一	三九	東京商法会議所創立・会頭（のちに東京商業会議所・会頭）。	
一八七九	明治一二	四〇	東京海上保険会社創立。	
一八八三	明治一六	四四	大阪紡績会社工場落成・発起人（のちに相談役）。	鹿鳴館落成

一八八四	明治一七	四五	日本鉄道会社理事委員（のちに取締役）。	
一八八五	明治一八	四六	郵便汽船三菱会社と共同運輸会社が合併、日本郵船会社設立（のちに取締役）。瓦斯局払い下げ東京瓦斯会社創立（創立委員長、のちに取締役会長）。	内閣制度制定
一八八六	明治一九	四七	東京電灯会社設立（のちに委員）。	
一八八七	明治二〇	四八	東京製綱会社発起委員（のちに取締役会長）。東京人造肥料会社創立委員（のちに取締役会長）、日本煉瓦製造会社創立・理事（のちに取締役会長）。帝国ホテル創立・発起人総代（のちに取締役会長）。	
一八八八	明治二一	四九	札幌麦酒会社創立・発起人総代（のちに取締役会長）。東京女学館開校・会計監督（のちに館長）。	
一八八九	明治二二	五〇	石川島造船所創立・委員（のちに取締役会長）。	大日本帝国憲法発布
一八九二	明治二五	五三	東京貯蓄銀行設立・取締役（のちに取締役会長）。	
一八九四	明治二七	五五	北越鉄道会社創立発起人（のちに監査役、相談役）	日清戦争起こる
一八九六	明治二九	五七	日本精糖会社設立・取締役。法改正により第一国立銀行が第一銀行となる。頭取。	
一九〇一	明治三四	六二	日本女子大学校開校・会計監督。	

一九〇六	明治三九	六七	京阪電気鉄道会社創立・創立委員長（のちに相談役）。	鉄道国有法公布
一九〇七	明治四〇	六八	帝国劇場創立・取締役会長。	
一九〇九	明治四二	七〇	多くの企業・団体の役員を辞任する。	
一九一六	大正五	七七	日米関係委員会が発足・常務委員。第一銀行の頭取を辞任する。	
一九一七	大正六	七八	日米協会創立・名誉副会長。	
一九二六	昭和元	八七	日本太平洋問題調査会創立・評議員会会長。日本放送協会設立・顧問。	
一九二七	昭和二	八八	日本国際児童親善会創立・会長。日米親善人形歓迎会を主催。	
一九三一	昭和六	九二	一一月一一日、永眠。	満州事変はじまる

※本書における渋沢栄一の行動を中心に表記するとともに、本文で触れていない業績等もくわえた。

主な参考文献

『雨夜譚―渋沢栄一自伝』長幸男校注（岩波文庫）
『論語と算盤』渋沢栄一著（国書刊行会）
『渋沢栄一訓言集』渋沢青淵記念財団竜門社編（国書刊行会）
『渋沢栄一を知る事典』渋沢栄一記念財団編（東京堂出版）
『渋沢栄一　上　算盤篇』鹿島茂著（文春文庫）
『渋沢栄一　下　論語篇』鹿島茂著（文春文庫）
『渋沢栄一「日本近代資本主義の父」の生涯』今井博昭著（幻冬舎）
『人物叢書　新装版　渋沢栄一』土屋喬雄著（吉川弘文館）
『父　渋沢栄一　新版』渋沢秀雄著（実業之日本社）
『現代語訳　経営論語―渋沢流・仕事と生き方』渋沢栄一著、由井常彦監修（ダイヤモンド社）
『伝記小説　渋沢栄一　財界のフロンティア』山田克郎（春陽堂書店）
公益財団法人　渋沢栄一記念財団ホームページ

前田 信弘（まえだ のぶひろ）

経営コンサルタント。高校講師、専門学校教員を経て独立。長年、経営、会計、金融、マーケティングなど幅広くビジネス教育に取り組むとともに、さまざまなジャンルで執筆・コンサルティング活動を行う。あわせて歴史や古典などをビジネスに活かす研究にも取り組んでいる。著書に『コンテンポラリー・クラシックス 養生訓 すこやかに生きる知恵』『コンテンポラリー・クラシックス 葉隠 処世の道』『コンテンポラリー・クラシックス 五輪書 わが道をひらく』『コンテンポラリー・クラシックス 武士道 ぶれない生きざま』『コンテンポラリー・クラシックス 韓非子 人を動かす原理』『君の志は何か 超訳 言志四録』（日本能率協会マネジメントセンター）、『知識ゼロからのビジネス韓非子』『知識ゼロからのビジネス論語』『知識ゼロからの孫子の兵法入門』（幻冬舎）などがある。

人生をひらく　渋沢栄一

2020年9月10日　初版第1刷発行

編著者 —— 前田信弘

発行者 —— 張 士洛
発行所 —— 日本能率協会マネジメントセンター
〒103-6009　東京都中央区日本橋2-7-1 東京日本橋タワー
TEL　03-6362-4339（編集）／03-6362-4558（販売）
FAX　03-3272-8128（編集）／03-3272-8127（販売）
http://www.jmam.co.jp/

ブックデザイン —— Izumiya（岩泉卓屋）
印刷・製本 —— 三松堂株式会社

ISBN 978-4-8207-2821-4 C0010
落丁・乱丁はおとりかえします。
PRINTED IN JAPAN